björn
moschinski

vegan

kochen

für alle

GREENALITY
19 EASIER 84
THAN OTHER COLLEGES

björn
moschinski

vegan
kochen
für alle

südwest

begrüßung mahi klosterhalfen

Unabhängig davon, ob Sie auf rein pflanzliche Gerichte einfach nur neugierig sind oder ob Sie schon viele Jahre lang vegan leben: Damit die tierleidfreie Ernährung für Sie kein Opfer, sondern ein Gewinn wird, ist mindestens ein gutes Kochbuch unverzichtbar. Ein solches halten Sie gerade in Ihren Händen.

Bislang kam ein viel zu kleiner Kreis in den Genuss, Björn Moschinskis Kochkünste regelmäßig zu erleben. Das ändert sich jetzt endlich grundlegend, und davon werden nicht nur viele Menschen, sondern noch deutlich mehr Tiere profitieren. Einer der Hauptgründe, warum ethisch Motivierte die vegane Idee immer wieder verwerfen, ist nämlich, dass es für sie schwierig ist, sich auf pflanzlicher Basis schmackhaft zu ernähren. Mit diesem Buch trägt Björn maßgeblich dazu bei, dass wirklich jede und jeder für sich und andere kochen kann, ohne dass auch nur ein Fleischesser irgendetwas vermissen wird.

Und je niedriger die Einstiegsbarrieren, desto attraktiver wird die umwelt-, menschen- und tierfreundlichste Ernährungsform für immer mehr Menschen. Genau das erreicht Björn mit »Vegan kochen für alle« – dafür meine Hochachtung!

Mahi Klosterhalfen
Geschäftsführender Vorstand
Albert Schweitzer Stiftung für unsere Mitwelt

inhaltsverzeichnis

vorwort björn moschinski

liebe leserin, lieber leser,

ich habe dieses Buch geschrieben, um Ihnen einen kleinen Einblick in die vegane Küche zu bieten. Sie werden sehr schnell feststellen, dass die vegane Küche weder fade noch eintönig ist, obwohl das so oft behauptet wird. Sollten Sie der Meinung sein, dieses Buch werde gängige Klischees des Veganismus erfüllen, dann muss ich Sie enttäuschen: Ich werde Ihnen zeigen, dass die vegane Lebensweise keinen qualitativen Verzicht auf dem Teller bedeuten muss.

Bevor ich Sie aber in die kulinarische Welt der Veganer entlasse, möchte ich die Gelegenheit nutzen, um gewisse Klischees, die in den Köpfen vieler Menschen verankert sind, zu entkräften. Vielleicht eröffnet sich Ihnen dadurch ein neuer Blickwinkel auf den Veganismus, der Sie erstaunen und positiv überraschen wird.

fleischersatz

Vor drei Jahren arbeitete ich als Chefkoch in einem veganen Restaurant in Berlin. Zu der Zeit führte ich ein sehr interessantes Gespräch mit Dr. Stefan Elfenbein, seines Zeichens Foodkritiker. Er fragte mich, warum ich als Veganer so viele Fleischimitate verarbeite und Gerichte kreiere, die der Gast eher in einem Restaurant mit einer Fleischküche erwartet. Ich erklärte ihm, dass ein Veganer in erster Linie Tierrechtler ist, der bewusst den Konsum tierischer Produkte meidet, jedoch nicht zwingend auf den Geschmack, die Konsistenz oder das Aussehen verzichten möchte.

Die Essgewohnheiten werden in frühester Kindheit geprägt – und dies bedeutet nun einmal für Deutschland mehrheitlich gutbürgerliches und deftiges Essen. Dass aber dieses Verlangen nach »Fleisch« nicht auf dem Fleisch an sich beruht, sondern viel mehr durch die Würzung und Veredelung, also die Zubereitung, hervorgerufen wird, kann sich jeder bewusst machen, indem er einmal in ein blankes, ungewürztes und unverarbeitetes Stück Filet beißt. Das ist nicht das, wonach wir uns sehnen, vielmehr sind es die Röstaromen durch das Braten, die Vielzahl an Geschmäckern durch Gewürze, eben die Verarbeitung des rohen Fleisches. Das Fleisch selbst dient in erster Linie der Textur und Beschaffenheit.

Aufgrund dieser Überlegung suchte ich nach einem Produkt, welches die Beschaffenheit und Struktur ähnlich der von Fleisch aufweist. Die beste Qualität fand ich in texturiertem Soja, welches aus dem Mehl der entfetteten Sojabohne gewonnen wird. Dieses Produkt weist die Faserigkeit von zartem Fleisch auf. Mit diesem Produkt, so erklärte ich Stefan Elfenbein, habe ich die Möglichkeit, eine geschmackvolle Alternative zu Fleisch zu kreieren, die selbst bei Fleischessern kaum Wünsche offen lässt. Die daraus resultierenden Vorteile für Mensch, Tier und Natur sind ein positiver Begleitumstand der veganen Küche. Monate nach unserem Gespräch bedankte er sich bei mir, dass er nun die vegane Küche mit ganz anderen Augen sehe und vor allem die Suche nach Fleischalternativen verstehe.

verzicht

Die Behauptung, dass eine vegane Lebensweise den Verzicht auf Lebensfreude bedeutet, kann ich keineswegs bestätigen und ich kenne auch ehrlich gesagt keinen Veganer,

Bitte von
rechts
anstellen
Danke
Bitte von
rechts
anstellen
Danke
SALAT
Keine Selbstbedienung
Egnáthia
SCOTT
genius

auf den eine freiwillige Selbstkasteiung zutreffen würde. Eher sehe ich diese Art der Lebensweise als einen Gewinn an Lebensqualität, da man sich weniger Gedanken um die eigene Gesundheit und vor allem die Qualität vieler Lebensmittel machen muss.

Wenn man sich nur einmal die Vorteile einer veganen Ernährung vor Augen hält, darf man allen Grund zur Freude haben. Und ganz ehrlich: Kennen Sie Fleischesser, die permanent gut gelaunt sind? Kennen Sie Veganer, die immer schlecht gelaunt sind?

zukunftsküche?

Oft werde ich gefragt, ob ich den Veganismus als Chance für unsere Welt sehe. Leider bin ich nicht in der Position, um dies fundiert zu beantworten, aber meine Logik sagt: ja. Belegte Fakten wie der enorme Wasser- und Futtermittelverbrauch bei der Produktion von Fleisch, die daraus resultierende Abholzung der Regenwälder zur Schaffung von Weideflächen sowie Äckern zum Futtermittelanbau, die Vielzahl an Krankheiten, die auf den Verzehr von tierischen Produkten zurückzuführen sind, der Umgang mit Tieren in der Landwirtschaft und der stetig steigende Fleischverzehr zeigen, dass die Zeit reif ist für Veränderungen.

Ob der Veganismus die Lösung aller Probleme ist, sei dahingestellt. Aber ich sehe darin die einzige Chance gegen Massenhaltung und Ausbeutung von Tieren.

mein weg zum veganismus

Viele Menschen, die ich treffe, fragen mich, wie lange ich schon vegan lebe. Offenbar sind viele davon überzeugt, dass man nach ein oder zwei Jahren als Veganer kraftlos zusammenbrechen müsse. Auf meine Antwort folgt dann stets großes Erstaunen, denn ich entschloss mich bereits mit 15 Jahren zu einer veganen Lebensweise. Wie kommt man als 15-Jähriger dazu, komplett auf tierische Produkte zu verzichten? Bevor ich mich für diesen Schritt entschied, lebte ich bereits ein Jahr vegetarisch, was den Berichten und Reportagen über Massentierhaltung und Tiertransporte in der Jugendzeitschrift »Bravo« geschuldet war. Als Vegetarier machte ich mir aber immer öfter Gedanken über meinen täglichen Konsum. Ich musste feststellen, dass ich, obwohl ich dies nicht wollte, zahlreiche Lebensmittel und auch Produkte des Alltags konsumierte, in denen offensichtlich, aber auch versteckt, tierische Rohstoffe verarbeitet waren und für die trotzdem Tiere leiden mussten. Beispiele sind Kälberlab im Käse, die Tötung von männlichen Küken bei Legehühnern, Massentierhaltung in der Milchindustrie, Töten für die Lederherstellung und vieles mehr.

Als mir all dies bewusst wurde, war der Schritt zum Veganismus für mich unvermeidlich.

kochen – meine leidenschaft

Gerne gebe ich zu, dass die Leidenschaft zum Kochen recht spät geweckt wurde. Den Startpunkt meiner Reise markierte der Entschluss zum Veganismus, der meine Mutter in arge kulinarische Bedrängnis brachte. Vegetarisch zu kochen hatte sie vor kein allzu großes Hindernis gestellt, jedoch gestaltete sich der Wegfall vieler bekannter Produkte wie Sahne, Milch, Butter oder Eier schon problematisch. Also war ich anfänglich gezwungen – ich sage bewusst gezwungen –, selbst den Kochlöffel zu schwingen.

Zu Beginn tat ich mich schwer, diese Situation kennt wohl jeder, der sich langsam vom Elternhaus abnabelt: Der überaus bequeme gedeckte Tisch war ab sofort nicht mehr gedeckt, sondern wollte gedeckt werden. Kochen war komplettes Neuland für mich. Sicherlich konnte ich meiner Mutter in der Zeit davor beim Kochen über die Schulter schauen, aber der Funke war bis dahin nie

VEGAN

fritz-kola

GREENALITY
VICTIM

übergesprungen. Zum Glück bewies meine Mutter in den kommenden Wochen und Monaten viel Geduld mit mir, da ich fortan ständig Fragen stellte, wie dieses oder jenes zuzubereiten sei.

Die anfänglichen Schwierigkeiten wichen mit jedem Tag, den ich am Herd stand. Schon nach kurzer Zeit kochte ich mir täglich ein oder zwei warme Gerichte: nicht des Hungers wegen, sondern eher aus der daraus erwachsenen Freude am Kochen, die mir bis heute geblieben ist.

Der Weg in die professionelle Küche war recht kurvenreich, denn leider kann man bis heute keine vegane oder auch nur vegetarische Kochausbildung absolvieren. Die Prüfungsvorgaben schreiben die Zubereitung von Fleischprodukten vor, was ich kategorisch ablehne. Also erlernte ich zunächst den Beruf des Energieelektronikers, den ich wegen Arbeitsplatzmangels nicht ausführen konnte. Daraufhin begann ich eine Ausbildung zum Mediendesigner mit Fachrichtung Grafik an der LAZI Akademie in Esslingen. Diese Zeit war wegweisend für meinen jetzigen Werdegang.

Ich wohnte damals in einer WG mit dem Regisseur Benjamin Eicher, der sich eines Tages über das Catering am Set beschwer-

te und mich daraufhin fragte, ob ich nicht Lust hätte einzuspringen. Diese Möglichkeit ließ ich mir nicht entgehen und übernahm kurzerhand die Verpflegung am Set. Daraus entstand ein kleines Catering-Unternehmen namens »Herbivore Catering«, mit dem ich fortan auf Shows, Festivals, an Filmsets und für Geschäfts- oder Privatfeiern vegan kochte. Nach vier Jahren entschied ich mich dafür, mein Catering aufzugeben, um in die À-la-Carte-Küche zu wechseln. Mein Ziel war ein eigenes Restaurant.

Meine erste Station war das vegetarische Biohotel Kurz in Bischofswiesen. In den drei Monaten vor Ort erfuhr ich viel über die Vollwertküche und die Verarbeitung frischer Kräuter und Gewürze. Die nächste Station führte mich nach München in das vegane Restaurant »Zerwirk«, wo ich unter der Leitung von Peter Ludik einen großen Teil meiner heutigen Fähig- und Fertigkeiten erlernte. In dieser Zeit hatte ich außerdem das Glück, für zwei Monate mit dem renommierten RAW-Chef Chad Sarno zu arbeiten, der mich in die hohe Kunst der Rohkostküche einführte. Ende 2008 entschloss ich mich, nach Berlin zu gehen, um hier als Chefkoch das vegane Gourmet-Restaurant »La Mano Verde« aufzubauen. Bereits acht Monate später galt das Restaurant als Geheimtipp, und wir erkochten, als erstes veganes Restaurant überhaupt, 1,5 Punkte im Feinschmecker-Magazin: eine große Ehre für mich. Im Januar 2010 verließ ich das »La Mano Verde«, um meine eigenen Projekte zu realisieren.

Kurz nach meinem Ausstieg lernte ich meine beiden Geschäftspartner kennen, mit denen ich jetzt das vegane Restaurant »Kopps« direkt am Koppenplatz, im Herzen Berlins, führe. Schon in der Vorbereitungsphase entschlossen wir uns, ein professionelles Konzept für ein Restaurant zu entwerfen, in dem sich der Gast in einer entspannten und gemütlichen Atmosphäre wohlfühlen kann. Wir bieten eine umfangreiche Auswahl an Weinen, Spirituosen, Säften und Bieren, und auf der Karte stehen gutbürgerliche deutsche Gerichte zu fairen und bezahlbaren Preisen.

Ein sehr erfolgreiches Projekt, das ich in Kooperation mit der »Albert Schweitzer Stiftung für unser Mitwelt« umsetzen konnte, ist die vegane Schulung der Köche von Kantinen, Betriebsrestaurants und Mensen in ganz Deutschland. An manchen Tagen kochten und verkauften wir 2 000 Portionen veganes Essen. Bei einer Einsparung von 1 600 Litern Wasser und 1,5 Kilogramm Futterpflanzen pro Portion (die Produktion von 1 Kilogramm Rindfleisch benötigt 15 000 Liter Wasser und 13 Kilogramm Futterpflanzen) kann sich jeder leicht die enorme Ressourceneinsparung an diesem Tag ausrechnen. Außerdem machte es mir viel Freude, mit den gestandenen Köchen zu arbeiten, ihnen die anfängliche Skepsis zu nehmen und sie von einer rein pflanzenbasierten Küche begeistern zu können.

Diese Begeisterung versuche ich nun auch bei unseren Jüngsten zu wecken: In Kooperation mit der »Albert Schweitzer Stiftung für unsere Mitwelt« biete ich Kochschulungen für Kinder an. Ich möchte ein Bewusstsein für frische Zutaten und – allem voran – den Spaß in der Küche vermitteln. Kochen fordert viel Disziplin, Geduld und Fingerspitzengefühl, aber wenn all diese Faktoren stimmen, wird man dafür sofort mit einem köstlichen Essen belohnt. Es ist immer wieder erstaunlich, wie schnell Kinder mit Begeisterung bei der Sache sind, und manchmal wünsche ich mir, dass gerade Eltern diese Begeisterung weiter fördern.

Diese Begeisterung möchte ich auch bei Ihnen wecken und entlasse Sie hiermit in die kulinarische Welt der Veganer. Ich wünsche Ihnen viel Spaß beim Kochen und Genießen. In diesem Sinne: gutes Gelingen und einen guten Appetit!

danksagung

Vielen Dank an Flo, Jason und André, die mit mir gemeinsam dieses Buch umgesetzt haben. Ohne euch Jungs würde das Buch noch nicht in den Regalen stehen! Ein großes Dankeschön auch an Antje Jerichow für das Lektorat und die enorme Hilfe in der letzten Phase des Buches. Vielen Dank an Eva Wagner von Random House für die Flexibilität, der es zu verdanken ist, dass das Buch bereits 2011 verlegt wurde. Mahi und Tobi, danke für die grandiose Unterstützung und Zusammenarbeit. Auch meinen Sponsoren Robot Coupe, Kitchen Aid und Gefu möchte ich für die Unterstützung danken.

Auf diesem Wege möchte ich mich ebenfalls bei meiner Familie bedanken, die mich immer auf meinem Weg unterstützt und mir den Rücken gestärkt hat. Mein besonderer Dank gilt meiner Freundin Sandra, die mit mir gemeinsam an den Rezepturen gefeilt hat. Ohne dich wäre ich nicht da, wo ich jetzt stehe. Vielen Dank für deine Geduld, dein Verständnis und deine Unterstützung mein Schatz.

Ein großer Dank geht auch an meine vielen Freunde in München (insbesondere Andrea), Stuttgart und Berlin sowie an meine zahlreichen Unterstützer, Sympathisanten und Fans, die mir die nötige Motivation geben, weiterzumachen – und an all jene, die ich vergessen habe.

Björn Moschinski

erstmal was zum aufwärmen

suppen

tomaten-kokos-suppe

4 Portionen

1 kg Tomaten
2 Zwiebeln
1 TL Rohrohrzucker
5 EL Olivenöl
30 g Tomatenmark
500 ml Gemüsebrühe
500 ml Kokosmilch
1 Bund Basilikum
Salz
Pfeffer

Wasser in einem Topf aufkochen und eine Schüssel mit kaltem bzw. Eiswasser bereitstellen. Den Stielansatz aus den Tomaten entfernen und auf der gegenüberliegenden Seite ein Kreuz in die Schale ritzen. Die Tomaten für 10–15 Sekunden in das kochende Wasser geben und anschließend im Eiswasser abschrecken. Die nun gelöste Schale entfernen und das Fruchtfleisch in feine Würfel schneiden. Wer möchte, kann die Kerne entfernen.

Die Zwiebeln schälen, würfeln und anschließend mit dem Zucker in einem Topf mit heißem Olivenöl anschwitzen. Sobald die Zwiebeln karamellisieren und Farbe annehmen, das Tomatenmark dazugeben und für 2–3 Minuten mitrösten. Die Tomatenwürfel in den Topf geben und alles 5 Minuten einkochen. Nun mit der Gemüsebrühe und der Kokosmilch auffüllen und alles für 15 Minuten auf kleiner Flamme köcheln lassen.

Das Basilikum waschen, trockenschütteln, klein schneiden und mit der Suppe in einem Standmixer oder mit einem Stabmixer glatt pürieren. Mit Salz und Pfeffer abschmecken und heiß servieren.

gulaschsuppe

4 Portionen

100 g Sojawürfel (trocken)
Salz
300 g Zwiebeln
½ Knoblauchzehe
2 mittelgroße Kartoffeln
je 1 gelbe und grüne Paprika
100 g Champignons
150 g Tomaten
90 ml Rapsöl
Paprikapulver (scharf)
Paprikapulver (edelsüß)
Pfeffer
Kümmel
Majoran
50 g Tomatenmark
80 ml Rotwein
1 l Gemüsebrühe
Sojajoghurt und Chilifäden zum Anrichten

Die Sojawürfel nach Packungsaufschrift mit kochendem Salzwasser übergießen und quellen lassen. Zwiebeln, Knoblauch und Kartoffeln schälen und in Würfel schneiden. Paprika entkernen und in Streifen schneiden. Die Champignons putzen und in Scheiben schneiden.

Die Tomaten auf der Unterseite mit einem scharfen Küchenmesser kreuzweise einritzen und mit kochendem Wasser überbrühen. Mit kaltem Wasser abschrecken, die Haut abziehen und die Tomaten klein würfeln.

Das Öl in einer Pfanne erhitzen und die Sojawürfel anbraten, bis sie leicht Farbe bekommen. Die Sojawürfel mit dem Paprikapulver, Salz, Pfeffer und Kümmel würzen. Zwiebelwürfel dazugeben, alles unter ständigem Wenden anrösten und anschließend zur Seite stellen. In einem Topf die Champignons anbraten und mit Salz, Pfeffer und Majoran würzen.

Nun die gebratenen Soja- und Zwiebelwürfel sowie Knoblauch und Kartoffeln hinzufügen und mit dem Tomatenmark vorsichtig anrösten. Mit Rotwein ablöschen und diesen wieder einkochen lassen. Die Gemüsebrühe zugießen und alles 40 Minuten bei schwacher Hitze kochen lassen. Anschließend die Tomatenwürfel und die Paprikastreifen in die Suppe geben und weitere 15 Minuten köcheln. Mit scharfem Paprika, Kümmel, Salz und Pfeffer abschmecken.

Mit veganer Sour Cream / Sojajoghurt und Chilifäden anrichten.

waldpilzsuppe mit brezelchips

6 Portionen

500 g gemischte Pilze (Waldpilze)
1 Zwiebel
50 g Alsan (vegane Butter)
1 EL Mehl
1 l Gemüsebrühe
Salz
Pfeffer
100 ml Sojasahne
Saft und Abrieb von ½ Zitrone
½ Bund Petersilie
2 Brezeln
2 EL Albaöl

Die Pilze putzen, aber nicht waschen; schmutzige Stellen lieber abschneiden. Die Pilze ziemlich klein schneiden, nur Pfifferlinge dürfen in größeren Stücken in die Suppe, sie werden nicht »schwammig«.

Die Zwiebel schälen, fein würfeln, in der Alsan hellgelb anschwitzen, die Pilze dazugeben und mitbraten. Die Pilze geben ziemlich rasch Flüssigkeit ab: so lange dünsten, bis die Flüssigkeit verdampft ist, dann mit Mehl bestäuben und kurz durchrösten. Unter Rühren die Gemüsebrühe zugießen, mit Salz und Pfeffer würzen und 15 Minuten bei schwacher Hitze köcheln lassen.

Die Sojasahne hinzufügen, alles aufkochen lassen, vom Herd ziehen und mit Salz, Pfeffer, Zitronensaft und etwas Zitronenabrieb abschmecken. Die Petersilie hacken und über die fertige Suppe streuen.

Die Brezeln in dünne Scheiben schneiden und anschließend in einer heißen Pfanne mit dem Albaöl anbraten. Nach Wunsch auf Holzspieße stecken und zur Suppe reichen.

Mein Tipp: *Die Suppe statt mit Zitrone mit frischem geriebenem Meerrettich (ca. 60 Gramm) und edelsüßem Paprikapulver abschmecken oder statt Petersilie frischen Thymian und angeröstete Räuchertofustreifen zum Verfeinern zugeben.*

avocado-gazpacho

2 Portionen

1 reife Avocado
450 ml Wasser
1 EL Zitronensaft
¼ Knoblauchzehe
1 EL Hefeflocken
½ TL helle Misopaste
1 TL Kräuteröl (Basilikum, Minze, Salbei, Estragon, Kerbel)
Salz
Pfeffer

Die reife Avocado halbieren, den Kern entfernen und das Fruchtfleisch mit einem Löffel herauskratzen. Mit dem Wasser und dem Zitronensaft in einen Standmixer geben.

Geschälten Knoblauch mit den restlichen Zutaten in den Mixer geben und alles bei höchster Stufe sämig pürieren. Sollte die Suppe zu dick sein, einfach mehr Wasser hinzugeben und auf die gewünschte Konsistenz verdünnen. Abschließend mit Salz und Pfeffer abschmecken und servieren. Nach Wunsch mit Kresse garnieren.

Mein Tipp: *Für das Kräuteröl nutze ich getrocknete Blätter von Kräutern, die ich nicht aufbrauchen konnte. Je nach Vorliebe einfach die Kräuter mit Öl mixen und in eine dunkle Glasflasche geben. Dieses Öl ist mehrere Wochen im Kühlschrank haltbar.*

Mein Tipp: *Die Avocado ist eine meiner Lieblingsfrüchte, da sie reich an ungesättigten Fettsäuren und somit sehr gesund ist. Außerdem enthält sie die wertvollen Vitamine E und* B_6 *sowie Magnesium und Biotin. Sie eignet sich sehr gut zum Binden kalter Suppen oder für cremige Aufstriche. Eine Avocado ist verzehrbereit, wenn die Schale auf Fingerdruck leicht nachgibt.*

erbsencremesuppe mit räuchertofuspieß

das bild zum rezept finden sie auf seite 24

4 Portionen

Für die Suppe:
1 Zwiebel
1 erdnussgroßes Stück Ingwer
20 g Alsan (vegane Butter)
300 g Erbsen
750 ml Gemüsebrühe
150 ml Sojasahne
Salz
Pfeffer

Für die Spieße:
200 g Räuchertofu
4 Schalotten
Öl zum Braten
1 Schuss Tamari-Sojasauce

Für die Dekoration:
Mandelblättchen
etwas gehackte Petersilie

Zwiebel und Ingwer schälen, beides fein würfeln und in einem mittelgroßen Topf mit Alsan andünsten. Die Erbsen und die Gemüsebrühe zugeben und etwa 8 Minuten bei mittlerer Hitze garen. Die Hitze reduzieren, Sojasahne zugeben und alles mit einem Stabmixer fein pürieren. 5 Minuten bei geringer Hitze ziehen lassen und mit Salz und Pfeffer abschmecken.

Räuchertofu in Würfel schneiden. Die Schalotten schälen und in dicke Ringe schneiden. Die Räuchertofuwürfel und die Schalottenscheiben abwechselnd auf Holzspieße auffädeln und in einer beschichteten Pfanne mit etwas Öl knusprig anbraten. Abschließend mit der Sojasauce ablöschen.

Die Suppe auf vorgewärmte Teller geben, nach Wunsch mit Mandelblättchen bestreuen und mit den Tofuspießen und der gehackten Petersilie servieren.

cremige brunnenkressesuppe

das bild zum rezept finden sie auf seite 25

4 Portionen

Für die Suppe:
1 Zwiebel
1 Knoblauchzehe
1 Kartoffel
50 g Alsan (vegane Butter)
Salz
100 ml Weißwein (trocken)
2 Zweige Thymian
2 Lorbeerblätter
1 l Gemüsebrühe
2 Bund Brunnenkresse
150 ml Sojasahne
Muskat
Zucker
weißer Pfeffer

Für die Garnitur:
75 ml Sojamilch
2 EL Mandeln (gehobelt)

Die Zwiebel, die Knoblauchzehe und die Kartoffel schälen und in Würfel schneiden. Alsan in einem Topf zerlassen und die Würfel dazugeben. Alles kurz anschwitzen, salzen und anschließend mit dem Weißwein ablöschen. Die Thymianzweige und die Lorbeerblätter zugeben, die Flüssigkeit ca. 5 Minuten köcheln lassen und mit der Gemüsebrühe auffüllen. Die Suppe bei mittlerer Hitze auf etwa drei Viertel des ursprünglichen Volumens einkochen lassen.

In der Zwischenzeit die Brunnenkresse waschen, von den groben Stielen befreien und trockenschleudern. Etwas für die Garnitur beiseitestellen.

Wenn die Suppe reduziert ist, die Sojasahne zugeben und mit Salz, Muskat, Zucker und Pfeffer abschmecken. Einmal aufkochen, dann den Thymian und die Lorbeerblätter entfernen. Die Brunnenkresse in einen Mixer geben, die heiße Suppe hinzufügen und alles fein mixen.

Für die Garnitur die Sojamilch erhitzen und aufschäumen. Die Mandelblättchen in einer Pfanne ohne Fett goldbraun rösten und zur Seite stellen. Die Suppe in tiefe Teller füllen, ein wenig Milchschaum daraufgeben und mit Brunnenkresse sowie den gerösteten Mandelblättchen garnieren.

deftige kartoffelsuppe

4 Portionen

350 g Kartoffeln (festkochend)
1 große Zwiebel
30 g Alsan (vegane Butter)
750 ml Gemüsebrühe
Salz
Pfeffer
100 g vegane Bratwürstchen (z.B. Wheaty Bratknackies)
50 ml Sojasahne
50 g Rucola

Die Kartoffeln und Zwiebel schälen und in feine Würfel schneiden. Die Alsan in einem Topf zerlassen und die Zwiebelwürfel darin anbraten. Sobald sie Farbe bekommen, die Kartoffeln dazugeben und kurz mit anschwitzen. Mit der Gemüsebrühe auffüllen und bei mittlerer Hitze leicht kochen lassen.

Sobald die Kartoffeln weich sind, alles mit einem Stabmixer fein pürieren und mit Salz und Pfeffer abschmecken. Anschließend die veganen Bratwürstchen in Scheiben schneiden und in die Suppe geben. Die Suppe weitere 10 Minuten bei schwacher Hitze köcheln lassen, damit der Geschmack der Würstchen in die Suppe übergeht.

Den Topf vom Herd ziehen und die Sojasahne unterrühren. Den Rucola fein hacken und damit die Suppe garnieren.

Mein Tipp: *Verfeinern Sie die Suppe vor dem Servieren zusätzlich mit gebratenen Zwiebelringen und frischen Karottenstreifen.*

rote-bete-suppe

4 Portionen

500 g Rote Bete
1 Zwiebel
2 Karotten
½ Stange Lauch
100 g Alsan (vegane Butter)
½ Knoblauchzehe
1 l Wasser
½ TL Thymian
½ TL Majoran
Salz
Pfeffer
1 Schuss Sojasahne

Die Rote Bete, Zwiebel und Karotten schälen und in feine Würfel schneiden. (Achtung: Die Rote Bete färbt stark ab, am besten Gummihandschuhe verwenden.) Den Lauch waschen und in feine Streifen schneiden.

Die Alsan in einem Topf erhitzen und die Rote-Bete-Würfel darin anschwitzen. Nach 5 Minuten das restliche Gemüse dazugeben und alles für 10 Minuten weiter dünsten lassen. Den Knoblauch schälen, in sehr feine Würfel schneiden und in der letzten Minute zum Gemüse geben. Nun das Wasser zugießen und auf kleiner Hitze für ca. 45 Minuten (bis das Gemüse weich ist) köcheln lassen.

Für eine cremige Suppe alles mit einem Stab- oder Standmixer pürieren. Mit Thymian, Majoran, Salz und Pfeffer abschmecken und zum Schluss mit einem Schuss Sojasahne verfeinern.

Mein Tipp: *Anstelle der Sojasahne passt Kokoscreme sehr gut zur Roten Bete. Wer es deftiger mag, kann die Suppe auch mit geräucherten Soja- bzw. Seitanwürsten zubereiten. Dabei die Suppe mit der Wurst 5 Minuten köcheln lassen, damit die Suppe den deftigen Geschmack annehmen kann.*

gurkenkaltschale

6 Portionen

1 rote Zwiebel
1 Knoblauchzehe
2 Salatgurken
500 g Sojajoghurt
Salz
Pfeffer
1 Bund Dill
1 EL Zitronensaft
6 Scheiben Toastbrot

Die Zwiebel und die Knoblauchzehe schälen und fein würfeln.

Die Gurken schälen, entkernen und klein schneiden. In ein hohes Gefäß geben und mit einem Stabmixer pürieren. Das Gurkenpüree sowie die Knoblauch- und Zwiebelwürfel mit dem Joghurt und den Gewürzen verrühren.

Den Dill waschen und ein paar Dillspitzen für die Dekoration beiseitelegen. Die Kräuter fein hacken und zur Gurkensuppe hinzufügen. Fein-säuerlich mit Zitronensaft abschmecken und anschließend kalt stellen.

Das Toastbrot rösten. Die Suppe auf Teller verteilen, mit den Dillspitzen garnieren und servieren.

Mein Tipp: *Besonders gut schmeckt zur Gurkenkaltschale getoastetes Toastbrot aber auch Grissini. Vegane Grissini erhalten Sie häufig in Biosupermärkten.*

karotten-ingwer-suppe

4 Portionen

½ Limette
1 Zwiebel
10 g Ingwer
500 g Karotten
30 g Alsan (vegane Butter)
1 EL Agavendicksaft
800 ml Gemüsebrühe
Salz
Pfeffer
100 ml Sojasahne

Die Limette mit heißem Wasser waschen, mit einem Zestenreißer dünne Streifen von der Schale schneiden und den Saft auspressen. Die Zwiebel, den Ingwer sowie die Karotten schälen und fein würfeln.

Alsan in einem Topf zerlassen und die Zwiebel- und Ingwerwürfel sowie die Limettenzesten darin andünsten. Nach 3 Minuten die Karottenwürfel mit dem Agavendicksaft dazugeben und für weitere 3 Minuten dünsten.

Nun mit der Gemüsebrühe aufgießen und alles für ca. 15 Minuten köcheln lassen. Anschließend die Suppe mit einem Stab- oder im Standmixer pürieren (eventuell noch etwas Brühe hinzugeben) und mit Salz, Pfeffer und Limettensaft abschmecken.

Die Sahne in die Suppe geben und heiß servieren.

Mein Tipp: *Ein Zestenreißer ist ein kleines Schälwerkzeug zum Herstellen von hauchdünnen Schalenstreifen von Orangen und anderen Zitrusfrüchten, den sogenannten Zesten. Alternativ kann man auch einen Sparschäler, eine Reibe oder ein Messer benutzen. Allerdings sollte man dann darauf achten, das darunterliegende weiße Gewebe, welches Bitterstoffe enthält, unberührt zu lassen.*

mehr als nur beilage!

salate

paprika-avocado-salat

2 Portionen

Für den Tofu:
100 g Tofu (natur)
1 unbehandelte Zitrone
Salz
Pfeffer
etwas frischer Thymian
½ Knoblauchzehe
1 EL kalt gepresstes Traubenkernöl

Für den Salat:
1 rote Paprikaschote
2 EL neutrales Öl
Salz
1 Avocado
100 g Kirschtomaten
2 Scheiben Vollkornbrot

Den Tofu in Würfel schneiden. Die Zitrone auspressen, den Saft mit Salz, Pfeffer, den Thymianblättchen, der zerdrückten Knoblauchzehe und dem Traubenkernöl mischen. Die Tofuwürfel für ca. 1 Stunde darin marinieren.

Die Paprikaschote einölen und im Ofen bei 250 °C Ober-/Unterhitze backen, bis die Haut rundherum braun wird, Blasen wirft und sich löst. Anschließend salzen und mit einem kalten, feuchten Tuch bedecken. Der abgekühlten Paprika die Haut abziehen, den Stielansatz und die Kerne entfernen. Paprika in Würfel schneiden.

Die Avocado halbieren, Stein entfernen, das Fruchtfleisch vorsichtig aus der Schale löffeln und in Würfel schneiden. Die Avocadoschalen zur Seite stellen.

Die Avocadowürfel mit etwas Tofumarinade vermengen, damit das Fruchtfleisch nicht braun wird. Die Kirschtomaten waschen und halbieren. Dann die marinierten Tofu- und Avocadowürfel mit den Tomatenhälften vermengen und in die Avocadoschalen füllen. Die Vollkornbrotscheiben im Toaster rösten und zum Salat reichen. Nach Wunsch auf einem Sprossenbett servieren.

couscous-salat

4 Portionen

300 g Couscous
400 ml Gemüsebrühe
1 Zwiebel
1 Karotte
2 Tomaten
1 Zucchini
1 Paprika
2 Frühlingszwiebeln
8 EL Olivenöl
1 TL Thymian
1 TL Salbei
½ TL Cumin (Kreuzkümmel)
Salz
Pfeffer
1 Bund Petersilie
Saft von ¼ Limette

Den Couscous in eine Schüssel geben. Die Gemüsebrühe zum Kochen bringen und den Couscous damit übergießen. Den Couscous kurz durchrühren und für 30 Minuten zum Quellen beiseitestellen. In der Zwischenzeit das Gemüse putzen, wenn nötig schälen und in 1 Zentimeter große Würfel bzw. Stücke schneiden.

Die Hälfte des Olivenöls in einer Pfanne erhitzen und darin die Zwiebel- und Karottenwürfel anschwitzen. Nach und nach die Tomaten, Zucchini, Paprika und Frühlingszwiebeln in die Pfanne geben und so lange dünsten, bis das Gemüse gar ist, aber noch Biss hat. Mit Thymian, Salbei, Cumin, Salz und Pfeffer würzen und vom Herd nehmen.

Den Couscous mit dem restlichen Olivenöl beträufeln und vorsichtig mit einem Löffel auflockern. Die Petersilie waschen, hacken und mit dem warmen Gemüse unter den aufgelockerten Couscous mischen. Mit Salz, Pfeffer und Limettensaft abschmecken.

Mein Tipp: *Dieser Couscous-Salat schmeckt hervorragend zu deftigen »Fleisch«gerichten oder ist kalt eine leckere Beilage für verschiedene Grillgerichte.*

feurig-frischer krautsalat

4 Portionen

½ Kopf Weißkraut
500 g Karotten
2 Zwiebeln
15 g Chilischoten
1 Zitrone
6 EL Olivenöl
Salz
Pfeffer
½ Bund Dill
½ Bund Petersilie

Das Weißkraut von den äußeren Blättern befreien, den Strunk entfernen und anschließend mit einem Messer oder Gemüsehobel in feine Streifen schneiden. Die Karotten und die Zwiebeln schälen und ebenfalls in feine Streifen schneiden. Die Chili entkernen und sehr fein hacken. Alles zusammen in eine große Schüssel geben.

Die Zitrone halbieren, den Zitronensaft auspressen und mit dem Olivenöl zum Salat geben. Den Salat gut vermischen und mit etwas Salz und Pfeffer würzen. Zum Schluss die Kräuter hacken und vor dem Servieren unter den Salat mischen.

Mein Tipp: *Dieser Salat ist ein Highlight für jeden Sommertag. Er ist frisch mit einer feurigen Note. Wer es gern schärfer mag, kann die Chili mit den Kernen in den Salat geben.*

apfel-lauch-salat

4 Portionen

Für die Mayonnaise:
70 ml Sojamilch
2 TL Aceto balsamico bianco
½ TL Senf
80 ml Öl

Für den Salat:
50 g Sojajoghurt
1 Stange Lauch
2 mittelgroße Äpfel
160 g Mais (Dose)
Salz
Pfeffer
Zucker
1 Spritzer Zitronensaft

Zum Garnieren:
½ Kopf Blattsalat
Chicorée
Kresse
Kerne von ½ Granatapfel

Für die Mayonnaise die Sojamilch in einen hohen schmalen Behälter geben. Den Essig und den Senf zu der Milch geben und mit einem Stabmixer glatt mixen. Bei laufendem Mixer langsam das Öl dazugeben, bis die gewünschte Konsistenz erreicht ist. (Bei schwachen Mixern ist etwas mehr Öl nötig, um die richtige cremige Konsistenz zu erreichen.)

Den Sojajoghurt zu der Mayonnaise geben und unterrühren.

Den Lauch der Länge nach bis zum weißen Stück halbieren, waschen und in feine Streifen schneiden. Die Äpfel schälen, mit einer Reibe grob raspeln und zu den Lauchstreifen geben. Zusammen mit dem Mais unter die Mayo-Sojajoghurt-Mischung rühren und zum Abschluss alles mit Salz, Pfeffer, Zucker und Zitronensaft abschmecken.

Auf einem Teller Salat- und Chicoréeblätter arrangieren, den Salat daraufgeben und mit Kresse und Granatapfelkernen garnieren.

Mein Tipp: *Als Erstes bereite ich immer die Mayo-Sojajoghurt-Marinade zu, um die geraspelten Äpfel sofort darunterzuheben, bevor sie braun werden. Um die Kerne aus dem Granatapfel zu lösen, diesen halbieren und anschließend mit dem Messerrücken auf die Schale klopfen, bis die Kerne herausfallen.*

feldsalat mit gebratenen austernpilzen und basilikumpesto

4 Portionen

Für das Dressing:
4 EL Olivenöl
1 EL Aceto balsamico bianco
1 TL Agavendicksaft
½ TL Senf
Salz
Pfeffer

Für das Pesto:
1 Bund Basilikum
6 EL Olivenöl
50 g Mandeln
1 TL Hefeflocken
Salz
Pfeffer
½ TL Zitronensaft

Für den Salat:
250 g Feldsalat
½ Zwiebel
200 g Austernpilze
4 EL Olivenöl
Salz
Pfeffer

4 Esslöffel Olivenöl, Aceto balsamico, Agavendicksaft und Senf in eine Schüssel geben und mit einem Schneebesen zu einer Marinade glatt rühren. Mit Salz und Pfeffer abschmecken. Die Marinade vorerst beiseitestellen.

Für das Pesto das Basilikum waschen und vorsichtig trockentupfen. Zusammen mit 6 Esslöffeln Olivenöl und den Mandeln mit einem Stab- oder im Standmixer pürieren und anschließend mit den Hefeflocken, Salz, Pfeffer und Zitronensaft abschmecken.

Den Feldsalat waschen, von den Wurzeln befreien und gründlich trockenschleudern. Die Zwiebel schälen und in feine Würfel schneiden. Die Austernpilze in grobe oder feine Streifen reißen. 4 Esslöffel Olivenöl in eine heiße Pfanne geben und darin die Austernpilze anbraten. Sobald die Pilze etwas Farbe annehmen, die Zwiebelwürfel zu den Pilzen geben und mit Salz und Pfeffer würzen. Die Temperatur reduzieren und die Pilze fertig braten.

Den Feldsalat in einer Schüssel mit der Marinade mischen und auf den Tellern anrichten. Die gebratenen Austernpilze und das Pesto dazugeben. Mit schwarzem Pfeffer aus der Mühle garnieren und sofort servieren.

Mein Tipp: *Zum Feldsalat passen Granatapfelkerne sowie frische Sprossen als Dekoration.*

»thunfisch«salat

6 Portionen

80 g schwarze Oliven
80 g Paprika
50 g Zwiebeln
30 g Kapern
½ Chilischote
400 g Veggie Tuna (z.B. von Vantastic Foods)
50 ml Olivenöl
80 g Mais (Dose)
Salz
Pfeffer
nach Wunsch Zitronensaft

Die Oliven gegebenenfalls entkernen und in Scheiben schneiden. Paprika waschen, Zwiebel schälen und beides fein würfeln. Die Kapern grob hacken. Die Chilischote je nach Schärfewunsch entkernen und anschließend in sehr feine Streifen schneiden.

Die vegane Thunfischrohmasse mit den Oliven, Paprika- und Zwiebelwürfeln, Kapern, Olivenöl und Chili vermischen. Den Mais hinzugeben und den Salat nach Geschmack mit Salz, Pfeffer und gegebenenfalls einem Schuss Zitronensaft abschmecken.

Mein Tipp: *Der Veggie Tuna ist in der veganen Küche vielseitig einsetzbar. Es können Suppen daraus gezaubert werden, und jeder Brotsalat lässt sich damit aufpeppen. Auch bei der Zubereitung von Sushi ist er ein fester Bestandteil meiner Zutatenliste.*

nudelsalat

4 Portionen

200 g Nudeln (ungekocht)
Salz
1 Zwiebel
40 ml Gemüsebrühe
1 Paprikaschote
½ Bund Rucola
¼ Bund Petersilie
100 g Mayonnaise (siehe S. 141)
Pfeffer

Die Nudeln in reichlich Salzwasser weich kochen und anschließend unter fließend kaltem Wasser abschrecken. Die Zwiebel schälen und in feine Würfel schneiden. Die Gemüsebrühe zum Kochen bringen und die Zwiebelwürfel in die kochende Brühe geben. Den Topf vom Herd ziehen und abkühlen lassen.

Paprika, Rucola und Petersilie waschen, in feine Streifen schneiden und mit der Mayonnaise und den Zwiebelwürfeln unter die Nudeln heben. Mit Salz und Pfeffer abschmecken. Für 2–4 Stunden abgedeckt im Kühlschrank durchziehen lassen. Eventuell noch einmal nachwürzen.

Mein Tipp: *Durch das Kochen der Zwiebelwürfel wird der Nudelsalat haltbarer und »kippt« nicht so schnell um. Die Zwiebelwürfel können auch im Nudelkochwasser abgeschreckt werden, allerdings ist die Variante mit der Gemüsebrühe etwas schmackhafter.*

»geflügel«salat

4 Portionen

30 g Sojaschnetzel (trocken)
½ Blatt- oder Pflücksalat
40 g Zwiebeln
40 g Champignons
Öl zum Braten
Salz
Pfeffer
½ TL Paprikapulver (edelsüß)
40 g Spargel
100 g Mayonnaise (siehe S. 141)
40 g Mandarinen

Die Sojaschnetzel nach Packungsaufschrift quellen lassen. Währenddessen den Salat waschen, die Salatblätter abzupfen und trockenschleudern. Die Zwiebeln schälen und in kleine Würfel schneiden. Die Champignons putzen (nicht waschen) und in Scheiben schneiden.

Die Sojaschnetzel vorsichtig ausdrücken und in einer Pfanne mit den Zwiebelwürfeln und Champignons in etwas Öl anbraten. Mit Salz, Pfeffer und Paprikapulver würzen, anschließend zur Seite stellen und abkühlen lassen.

Wer frischen oder tiefgefrorenen Spargel nehmen möchte, bereitet diesen in der Zwischenzeit zu: frischen Spargel schälen, dabei die Spitze auslassen. Das holzige Ende entfernen, den Rest in Stücke schneiden und in Salzwasser bissfest garen. Tiefgefrorene Spargelstücke sind schneller vorbereitet, sie müssen nur in Salzwasser gegart werden. Nach dem Kochen die Spargelstücke abgießen und vor der Verwendung abkühlen lassen.

Die Mayonnaise zubereiten. Mandarinen und Spargel unter die Sojaschnetzel heben. Die Mayonnaise unter die restlichen Zutaten mischen und mit Salz und Pfeffer abschmecken. Auf den Salatblättern anrichten.

Mein Tipp: *Die Spargelsaison beginnt Anfang/Mitte April und endet am 24. Juni (Johannistag). Während des restlichen Jahres ist Tiefkühlware eine gute Alternative. Spargel aus der Dose oder dem Glas hat dagegen einen ganz anderen Geschmack sowie eine sehr weiche Konsistenz und ist damit nicht jedermanns Sache.*

caesar's salad

4 Portionen

Für das Dressing:
75 g Mayonnaise (siehe S. 141)
25 ml Sojamilch
1 EL Worcester Sauce
1 EL Weißweinessig
4 EL Olivenöl
½ Knoblauchzehe
Salz
Pfeffer

Für die Croûtons:
2 EL Olivenöl
1–2 TL Paprikapulver (edelsüß)
4 Scheiben Ciabatta

Für den Salat:
1 Lollo Rosso
1 Endiviensalat
½ Paprika
Pfeffer

Die Mayonnaise mit der Sojamilch, Worcestersauce, Weißweinessig, 4 Esslöffel Olivenöl, geschältem Knoblauch, Salz und Pfeffer in einem Mixer oder mit einem Stabmixer fein pürieren und kalt stellen.

Für die Croûtons das Olivenöl mit dem Paprikapulver verrühren und die Ciabattascheiben damit auf einer Seite bestreichen. Mit der bestrichenen Seite nach oben auf den Rost legen, im vorgeheizten Backofen bei 200 °C ca. 8 Minuten knusprig rösten und anschließend in Würfel schneiden.

Lollo Rosso und Endiviensalat waschen, den Strunk entfernen und die Blätter in mundgerechte Stücke schneiden. Anschließend trockenschleudern und in eine Schüssel geben. Die Paprika entkernen, waschen und in feine Streifen schneiden. Den Salat vor dem Servieren mit dem Dressing mischen und mit Pfeffer würzen. Die Ciabattawürfel und Paprikastreifen über den Salat geben und anrichten.

Mein Tipp: Achtung: *Die original englische Worcestershire-Sauce von Lea & Perrins enthält Sardellen und ist somit nicht vegan! Worcester Sauce z.B. der Firma Appel ist vegan.*

kleine freuden
für große genießer

vorspeisen und snacks

gemüsesticks mit kräuterdip

2 Portionen

500 g Sojajoghurt
½ Bund Petersilie
½ Bund Schnittlauch
4 EL Olivenöl
Salz
Pfeffer
2 Karotten
2 Paprikaschoten
2 Selleriestangen
1 Gurke

Den Sojajoghurt vorsichtig und ohne vorheriges Umrühren in ein sehr feines Sieb kippen. Das Sieb in eine tiefe Schüssel hängen und den Joghurt abgedeckt über Nacht im Kühlschrank abtropfen lassen. Die Kräuter waschen und anschließend fein hacken.

Die abgetropfte Joghurtmasse sollte am nächsten Tag deutlich fester sein und eine quarkähnliche Konsistenz aufweisen. Mit dem Olivenöl und den gehackten Kräutern mischen und anschließend mit Salz und Pfeffer würzen.

Die Karotten schälen, die Paprikaschoten entkernen, die Selleriestangen waschen. Die Gurke schälen, längs halbieren und die Kerne mit einem Löffel herauskratzen.

Das Gemüse in gleich große Stifte schneiden und mit dem Dip servieren.

Mein Tipp: *Abgetropfter Sojajoghurt lässt sich für eine Vielzahl Dips und Aufstriche benutzen. Ob Kräuterquark, Tsatsiki oder als Grundlage für »Frischkäsevarianten«: Der Fantasie sind hier keine Grenzen gesetzt.*

insalata caprese (tomate / tofu)

4 Portionen

400 g Tofu (natur)
6 Tomaten
½ Bund Basilikum
½ TL Agavendicksaft
6 EL Olivenöl
2 EL Aceto balsamico di Modena
Salz
Pfeffer

Den Tofu mit Küchenkrepp trockendrücken und in 3 Millimeter dicke Scheiben schneiden. Die Tomaten waschen und ebenfalls in 3 Millimeter dicke Scheiben schneiden.

Basilikum waschen, trockenschütteln, die Hälfte fein hacken und in einer Schüssel mit dem Öl, Agavendicksaft und Balsamico-Essig mischen. Mit Salz und Pfeffer würzen. Nun die Tomaten- und Tofuscheiben nacheinander anrichten und anschließend mit der Marinade beträufeln.

Vor dem Servieren 5 Minuten ziehen lassen und mit den restlichen Basilikumblättern garnieren.

Mein Tipp: *Man unterscheidet drei Qualitätsstufen von Olivenöl. Qualitativ am hochwertigsten ist Natives Olivenöl Extra (Extra Vergine), welches kalt gepresst aus erster Pressung hergestellt wird. Dieses Öl hat einen besonders geringen Säuregrad von maximal 0,8% und ist optimal für den Verzehr geeignet. Das Olivenöl aus zweiter Pressung wird als Natives Olivenöl bezeichnet. Dieses ist mit einem Säuregrad von bis zu 2% nicht ganz so hochwertig, ist aber ebenfalls ein kalt gepresstes und unraffiniertes Naturprodukt. Als Olivenöl ohne jeden Zusatz wird eine Mischung aus raffiniertem und nativem Olivenöl bezeichnet. Aufgrund dieser Zusammensetzung ist es von geringerer Güte, dafür eignet es sich gut für sehr hohe Brattemperaturen.*

Mein Tipp: *Achten Sie beim Kauf von Tofu auf die Produktqualität. Asiatischer Tofu ist meist säuerlich eingelegt und eignet sich nicht für diesen Salat. Ich empfehle den Naturtofu der Firma Taifun, da dieser vom Geschmack und von der Textur am besten geeignet ist.*

crostini mit »thunfisch«topping und avocadocreme

10 Portionen

Für das »Thunfisch«topping:
Olivenöl
2 rote Paprikaschoten
2 Frühlingszwiebeln
2 TL Kapern
200 g Veggie Tuna (z.B. von Vantastic Foods)
50 g Mayonnaise (siehe S. 141)
3 TL Zitronensaft
Salz
Pfeffer
Cayennepfeffer

Für die Avocadocreme:
2 reife Avocados
½ TL Zitronensaft
½ Zwiebel
30 ml Sojasahne
Salz
Pfeffer

Für die Crostini:
2 Baguettes (ergibt ca. 20 Scheiben)
3 EL Olivenöl

Den Ofen auf 220 °C Ober- und Unterhitze vorheizen. Die mit etwas Olivenöl eingeriebenen Paprikaschoten auf die mittlere Schiene in den Ofen geben. Sobald die Haut der Schoten Blasen wirft, diese aus dem Ofen nehmen und für etwa 5 Minuten in ein feuchtes und kaltes Küchentuch wickeln.

In der Zwischenzeit die Frühlingszwiebeln waschen, putzen, halbieren und in feine Streifen schneiden. Die Kapern abtropfen lassen und anschließend grob hacken.

Nun sollte sich die Haut der Paprikaschoten leicht abziehen lassen. Die Paprikaschoten von der Haut und dem Kerngehäuse befreien und anschließend in feine Würfel schneiden.

Den Veggie Tuna mit den Paprikawürfeln, den Kapern und der Mayonnaise in einer Schüssel vermengen und mit etwas Zitronensaft, Salz, Pfeffer und Cayennepfeffer abschmecken.

Für die Avocadocreme die reifen Avocados halbieren, den Stein entfernen und das Fruchtfleisch mit einem Löffel herauskratzen. Mit einer Gabel das Fruchtfleisch zerdrücken und sofort den Zitronensaft dazugeben, damit die Avocadomasse nicht braun wird. Anschließend die Zwiebel schälen und in sehr feine Würfel schneiden. Die Sojasahne und die Zwiebelwürfel zur Avocado geben und mit Salz und Pfeffer abschmecken.

Die Baguettes in 2 Zentimeter dünne Scheiben schneiden, in Olivenöl wenden und im Ofen bei 220 °C leicht braun rösten. Zum Schluss die »Thunfisch«- und Avocadomischung auf den Broten verteilen und nach Wunsch mit Kräutern garnieren.

panini mit rucolapesto

4 Portionen

200 g Rucola
100 g Mandeln
½ Knoblauchzehe
20 g Würzhefeflocken
20 ml Olivenöl
Salz
Pfeffer
10 Tomaten
1 rote Zwiebel
8 Scheiben Toastbrot

Für das Pesto den Rucola waschen und grob hacken. Den Rucola mit den Mandeln, dem geschälten Knoblauch, der Würzhefe und dem Olivenöl mithilfe eines Standmixers zu einem Pesto verarbeiten und anschließend mit Salz und Pfeffer würzen.

Die Tomaten waschen, halbieren, vom Stielansatz befreien und die Kerngehäuse entfernen. Die Tomaten nun in Würfel schneiden. Die Zwiebel schälen und anschließend in feine Streifen schneiden. Nun das Pesto und danach die Tomatenwürfel und Zwiebelstreifen auf die Hälfte der Weißbrotscheiben geben. Mit den unbelegten Scheiben zu Sandwiches zusammenklappen und in einen Kontaktgrill geben, bis das Brot die gewünschte goldbraune Farbe hat.

Mein Tipp: *Sie können die Panini auch in einer Grillpfanne ohne Fett anrösten, wenn kein Kontaktgrill zur Verfügung steht.*

champignons im teigmantel mit remoulade

4 Portionen

Für die Champignons:
500 g braune Champignons
Öl zum Ausbacken

Für den Ausbackteig:
200 g Mehl
40 g Kichererbsenmehl
½ TL Majoran
200 ml Sojamilch
Salz
Pfeffer

Für die Remoulade:
2 Gewürzgurken
½ Zwiebel
½ TL Kapern
1 EL Schnittlauch
1 EL Petersilie
200 g Mayonnaise (siehe S. 141)
½ TL Senf (mittelscharf)
Salz
Pfeffer

Die Champignons putzen (nicht waschen) und zur Seite stellen. Für den Ausbackteig die beiden Mehle in einer Schüssel mit dem Majoran und der Sojamilch verrühren. Der Teig sollte nicht zu flüssig sein, da er sonst nicht an den Champignons haftet, und auch nicht zu dick, da sonst zu viel Teig den Geschmack der Pilze überdeckt. Die Teigmischung mit Salz und Pfeffer würzen.

Für die Remoulade die Gurken, geschälte Zwiebel, Kapern und Kräuter sehr fein hacken und anschließend mit der Mayonnaise vermischen. Mit Senf, Salz und Pfeffer abschmecken.

In einem kleinen Topf oder einer Fritteuse so viel Öl auf ca. 160 °C erhitzen, dass die Champignons darin schwimmen können. Die Champignons durch den Teig ziehen, bis sie komplett bedeckt sind, kurz abtropfen lassen und anschließend im heißen Öl braun ausbacken.

Die Champignons noch heiß und kross mit der Remoulade servieren.

Mein Tipp: *Zum Ausbacken empfehle ich reine Fette, da diese kein Wasser enthalten und somit hervorragend geeignet sind. Olivenöl ist nicht geeignet, da der Rauchpunkt sehr gering ist. Die richtige Temperatur ist erreicht, sobald ein Holzspieß im Fett Blasen wirft.*

bruschetta

4 Portionen

10 große Tomaten
1 Zwiebel
1 Knoblauchzehe
1 großes Baguette (ersatzweise Ciabatta)
Olivenöl
1 Bund Basilikum
Salz
Pfeffer
Oregano
etwas geriebener veganer Käse (z.B. Wilmersburger Pizzaschmelz)

Um die Tomaten zu häuten, einen Topf mit Wasser aufsetzen und das Wasser zum Kochen bringen. Die Tomaten kreuzförmig einritzen, den Stielansatz entfernen und für 10–15 Sekunden in das kochende Wasser geben, bis sich die Haut an der Schnittkante zu lösen beginnt. Die Tomaten aus dem Wasser nehmen und mit kaltem Wasser abschrecken. Jetzt sollte sich die Haut problemlos abziehen lassen.

Nun die Tomaten halbieren und die Kerne entfernen. Das Fruchtfleisch in kleine Stücke schneiden und in einem Sieb abtropfen lassen. In der Zwischenzeit die Zwiebel und den Knoblauch schälen und beides in sehr feine Würfel schneiden.

Das Baguette in 2 Zentimeter dicke Scheiben schneiden und diese in Olivenöl wenden. Den Ofen auf 180 °C Umluft vorheizen und die Baguettescheiben auf mittlerer Schiene darin rösten, bis sie goldbraun sind.

Zum Schluss das Basilikum waschen, trockenschütteln, klein schneiden, gemeinsam mit den abgetropften Tomaten, den Zwiebeln und dem Knoblauch in eine Schüssel geben und alles mit einem guten Schuss Olivenöl vermischen. Mit Salz, Pfeffer und Oregano abschmecken und anschließend auf den gerösteten Baguettescheiben verteilen. Noch etwas veganen Käse daraufstreuen und servieren, so lange das Brot noch warm ist.

wraps mit gegrilltem gemüse

4 Portionen

Für den Teig:
200 g Mehl
½ TL Salz
2 EL Alsan (vegane Butter)
5 EL Wasser

Für die Füllung:
1 Kopf Römersalat
1 rote Paprika
1 gelbe Paprika
2 rote Zwiebeln
1 Zucchini
½ TL Thymian
½ TL Oregano
Cayennepfeffer
20 ml Olivenöl
½ Knoblauchzehe
Salz
Pfeffer

Für den Teig das gesiebte Mehl, Salz, Alsan und Wasser zu einem geschmeidigen Teig verarbeiten, in Frischhaltefolie wickeln und anschließend für 30 Minuten ruhen lassen.

In der Zwischenzeit das Gemüse für die Füllung putzen und schälen. Den Salat waschen, in mundgerechte Stücke schneiden und trockenschleudern. Die Paprika entkernen und in grobe Streifen schneiden. Das restliche Gemüse in Scheiben schneiden und zusammen in eine Schüssel geben.

Aus den Kräutern, dem Cayennepfeffer, Öl und geschältem gewürfeltem Knoblauch eine Marinade herstellen. Diese kräftig mit Salz und Pfeffer würzen und zum Gemüse hinzugeben. Die Marinade vorsichtig untermischen und das Gemüse für etwa 10 Minuten marinieren lassen. Anschließend das Gemüse auf den Grill legen oder in einer Grillpfanne anbraten.

Den Teig hervorholen und mithilfe eines Nudelholzes sehr dünne Fladen ausrollen, die in etwa die Größe eines Pfannenbodens haben. In dieser Pfanne die Fladen ohne Fett goldbraun backen. Um die Fladen geschmeidig und formbar zu machen, anschließend in ein feuchtes Küchentuch einschlagen.

Vor dem Servieren den Salat und das gegrillte Gemüse in die Mitte des Fladens geben und einrollen.

Mein Tipp: *Geben Sie als Variation etwas Remoulade (siehe Rezept »Gebackene Champignons« Seite 67) oder auch veganen »Thunfisch«salat (siehe Rezept Seite 48) in den Wrap.*

»eier«salat

6 Portionen

75 g Nudeln (vorzugsweise Penne, Rigatoni o.Ä.)
Salz
180 g Kichererbsen (gekocht/aus der Dose)
1 Msp. Kurkuma
1 mittelgroße Zwiebel
½ Bund Schnittlauch
110 g Mayonnaise (siehe S. 141)
Pfeffer

Die Nudeln nach Packungsaufschrift in Salzwasser weich kochen und anschließend mit kaltem Wasser abschrecken.

Die Kichererbsen zusammen mit dem Kurkuma mit einem Stabmixer fein pürieren. Die Nudeln mit dem Stabmixer zerkleinern und gemeinsam mit dem Kichererbsenmus in eine Schüssel geben. Die Zwiebel schälen, sehr fein hacken und in die Schüssel geben. Den Schnittlauch in kleine Röllchen schneiden und zur Seite stellen.

Nun die Mayonnaise unter die restlichen Zutaten heben und ordentlich vermischen. Abschließend mit Salz, Pfeffer und Schnittlauch abschmecken.

Mein Tipp: *Besonders lecker dazu – wie auch zum Original – schmeckt dunkles Vollkornbrot, aber auch Pumpernickel.*

ragoût fin

4 Portionen

Salz
250 g Sojaschnetzel (trocken)
40 g Alsan (vegane Butter)
2–3 gehäufte EL Mehl
500 ml Gemüsebrühe
100 g Champignons (gedünstet oder aus der Dose)
Zitronensaft
6 EL Weißwein
Pfeffer
30 g geriebener veganer Käse (z.B. Wilmersburger Pizzaschmelz)
Alsanflöckchen
Worcestersauce
4 Scheiben geröstetes Toastbrot

1 Liter Salzwasser zum Kochen bringen. Die trockenen Sojaschnetzel in eine Schüssel geben, mit heißem Wasser übergießen und für ca. 20 Minuten ziehen lassen. Anschließend leicht ausdrücken und in kleine Würfel schneiden.

Die vegane Butter zerlassen und das Mehl hineinsieben. Unter Rühren so lange erhitzen, bis es eine hellgelbe Farbe angenommen hat und Blasen wirft. Die Gemüsebrühe unter ständigem Rühren langsam hinzugießen, das Ganze zum Kochen bringen und ca. 5 Minuten kochen lassen.

Die Champignons in kleine Stücke schneiden, mit den Sojaschnetzeln in die Sauce geben und kurz aufkochen lassen. 1 Teelöffel Zitronensaft und Weißwein hinzufügen, mit Salz und Pfeffer abschmecken. Das sämige Ragout in kleine Pastetenförmchen füllen, mit geriebenem veganem Käse bestreuen, Alsanflöckchen daraufsetzen und die Förmchen bei 220–240 °C für ca. 15 Minuten auf dem Rost im Backofen überbacken.

Vor dem Essen mit Zitronensaft und Worcestersauce individuell abschmecken. Mit geröstetem Toastbrot servieren.

Mein Tipp: *Das Ragout kann auch in fertig gekauften Blätterteigpasteten gebacken werden.*

focaccia tradizionale

6 Portionen

375 ml lauwarmes Wasser
½ Würfel Hefe
½ TL Rohrohrzucker
2 TL Salz
500 g Mehl
5 EL Olivenöl
1 Zwiebel
1 EL Thymian
1 EL Rosmarin
1 EL grobes Salz

Das lauwarme Wasser in eine Rührschüssel geben und die Hefe zusammen mit dem Rohrohrzucker einrühren. 5 Minuten stehen lassen, bis leichte Blasen entstehen. Nun das Salz und das Mehl in die Schüssel geben und ca. 10 Minuten lang kräftig durchkneten, damit ein geschmeidiger Teig entsteht. Den Teig zugedeckt an einem warmen Ort für 30 Minuten gehen lassen.

Den Teig erneut durchkneten, halbieren oder vierteln und anschließend in die gewünschte Fladenform bringen. Mit dem Finger einige Dellen in den Teig drücken und noch einmal für 30 Minuten an einem warmen Ort gehen lassen.

Den Ofen auf 230 °C vorheizen. Nach den 30 Minuten den Teig mit Olivenöl bestreichen und mit der geschälten und in Scheiben geschnittenen Zwiebel, dem Thymian, Rosmarin und grobem Salz bestreuen. Für 15–20 Minuten auf mittlerer Schiene backen. Anschließend in Streifen oder Rauten schneiden und warm servieren.

antipasti

4 Portionen

Für die Marinade:
1 rote Zwiebel
1 Knoblauchzehe
100 ml kalt gepresstes Olivenöl
Saft von 1 ½ Limetten
4 EL Aceto balsamico bianco
1 Lorbeerblatt

Für das Gemüse:
½ Aubergine
2 Zucchini
1 ½ Paprika (bunte Mischung)
3 EL Olivenöl
Salz
Pfeffer
2 Zweige frischer Thymian
½ Zweig frischer Rosmarin

Für die Marinade die Zwiebel und den Knoblauch schälen und würfeln. Das Olivenöl in einem kleinen Topf auf niedrigster Stufe erhitzen und die Zwiebel und den Knoblauch darin glasig dünsten. Den Topf vom Herd nehmen und die restlichen Zutaten in das noch warme Öl geben. Abkühlen lassen.

Nun das Gemüse waschen, entkernen und in mundgerechte Stücke schneiden. Den Ofen auf 200 °C Ober- und Unterhitze vorheizen. Das Gemüse in einer Schale mit dem Öl, Salz, Pfeffer sowie dem Thymian und Rosmarin für 10 Minuten marinieren. Anschließend die Mischung auf einem Backblech verteilen und auf der mittleren Schiene für 10 Minuten in den Ofen geben.

Sobald das Gemüse die gewünschte Farbe erreicht hat, aus dem Ofen nehmen und in die Marinade geben. Alles gut vermischen und für etwa 3 Stunden durchziehen lassen, damit sich der Geschmack entfalten kann.

Mein Tipp: *Sehr gut passen dazu meine Focaccia tradizionale (siehe Rezept Seite 77), frisches Brot oder auch Oliven.*

blätterteigschiffchen mit sojahack

4 Portionen

60 g Sojagranulat (trocken)
1 TL Paprikapulver (edelsüß)
¼ Zweig Thymian
1 Zwiebel
½ Karotte
½ Knoblauchzehe
6 EL Öl
Salz
Pfeffer
50 g geriebener veganer Käse (z.B. Wilmersburger Pizzaschmelz)
½ Bund Schnittlauch
4 Scheiben Blätterteig (tiefgekühlt)

Das Sojagranulat, Paprikapulver und den Thymian in eine Schüssel geben. Das Sojagranulat mit so viel kochendem Wasser übergießen, wie es aufsaugen kann, und 5 Minuten quellen lassen. Anschließend überschüssiges Wasser einfach ausdrücken.

Die Zwiebel, die Karotte und den Knoblauch schälen und in sehr feine Würfel schneiden. Das Öl in einer großen beschichteten Pfanne erhitzen und das gequollene Sojagranulat hinzugeben. Mit etwas Salz und Pfeffer würzen. Sobald es Farbe bekommt, die Zwiebel-, Karotten- und Knoblauchwürfel in die Pfanne geben und alles schön kross braten.

Die Pfanne vom Herd ziehen und den geriebenen veganen Käse dazugeben. Den Schnittlauch waschen, in kleine Röllchen schneiden und unter die Sojahackmasse mischen. Während die Masse abkühlt, den Blätterteig aus dem Tiefkühlfach nehmen und antauen lassen.

Das Sojahack auf die Blätterteigplatten verteilen, dabei an den Rändern einen breiten Streifen freilassen. In der Mitte dieses Streifens den Teig parallel zur Kante einschneiden, dabei an zwei gegenüberliegenden Ecken unterbrechen. Den eingeschnittenen Rand hochklappen, sodass der Teig sich an den beiden nicht eingeschnittenen Ecken überlappt.

Die Blätterteigschiffchen anschließend im Ofen bei 180 °C Umluft auf mittlerer Schiene für ca. 12 Minuten backen. Noch warm servieren, damit der Blätterteig schön kross ist.

ofenkartoffeln mit kräuterquark

2 Portionen

Für den Kräuterquark:
500 g Sojajoghurt
1 Bund Schnittlauch
1 Bund Petersilie
½ Zwiebel
½ EL Aceto balsamico bianco
4 EL Olivenöl
½ Knoblauchzehe
Salz
Pfeffer

Für die Ofenkartoffeln:
2 große Kartoffeln (festkochend)

Den Sojajoghurt am Vortag vorsichtig ohne vorheriges Umrühren in ein sehr feines Küchensieb kippen und im Kühlschrank über Nacht abtropfen lassen.

Die Kartoffeln in Aluminiumfolie wickeln und anschließend bei 200 °C im Ofen, je nach Größe, für 1–1,5 Stunden backen.

In der Zwischenzeit die Kräuter und die geschälte Zwiebel fein hacken und mit dem abgetropften Sojajoghurt und dem Aceto balsamico in einer Schüssel vermischen. Das Olivenöl für die Cremigkeit dazugeben. Den Knoblauch unter Zuhilfenahme von etwas Salz mit einem breiten Messerrücken zerdrücken und dazugeben. Mit Salz und Pfeffer abschmecken.

Die Kartoffeln aus dem Ofen nehmen, vorsichtig in der Mitte aufbrechen und mit dem Kräuterquark füllen. Noch heiß servieren.

pikante schweinsöhrchen

Ca. 50 Stück

450 g TK-Blätterteig
Mehl für die Arbeitsfläche
600 g vegane Salami (z.B. von Topas)
2 Schalotten
45 g schwarze Oliven
40 g gehackte Mandeln
Pfeffer aus der Mühle

Den Blätterteig auf einer bemehlten Arbeitsfläche auslegen und für ca. 15 Minuten antauen lassen.

In der Zwischenzeit die vegane Salami, geschälte Schalotten und Oliven in sehr feine Würfel schneiden und in eine Schüssel geben. Die gehackten Mandeln in einer Pfanne ohne Fett leicht anrösten, in die Schüssel geben und alles ordentlich vermischen. Die Mischung mit frisch gemahlenem Pfeffer abschmecken und auf dem Blätterteig verteilen.

Den Blätterteig von beiden Seiten bis zur Mitte einrollen und in 1 Zentimeter breite Scheiben schneiden. Die Scheiben im Ofen bei 200 °C Ober-/Unterhitze auf der mittleren Schiene 15–20 Minuten goldbraun backen.

Mein Tipp: *Die Schweinsöhrchen sind ideal als kleiner Knabbersnack oder zu einem frischen Salat.*

artischocke mit zweierlei dips

4 Portionen

Für die Artischocken:
Salz
Zitronensaft
4 mittelgroße Artischocken

Für den ersten Dip:
50 ml Sojamilch
½ TL Aceto balsamico bianco
½ Knoblauchzehe
Salz
50 ml Öl
Pfeffer

Für den zweiten Dip:
75 ml Öl
1 EL Aceto balsamico bianco
½ TL Senf
1 TL Agavendicksaft
2 EL Salatkräuter, gehackt (Petersilie, Schnittlauch)
Salz
Pfeffer

In einem großen Topf Salzwasser mit einem Schuss Zitrone ansetzen. Die Artischocken waschen, den Stiel und die harten Spitzen der Blätter (Stacheln) mit einem scharfen Messer abschneiden. Die Schnittkanten sofort mit Zitronensaft einreiben, damit diese nicht braun werden. Die äußeren harten Blätter abzupfen und die Artischocken 35–45 Minuten im Salzwasser garen.

Für den ersten Dip Sojamilch, Aceto balsamico bianco, geschälten Knoblauch und Salz in einen Mixbecher geben und mit dem Stabmixer fein pürieren. Bei laufendem Mixer das Öl langsam dazugeben, bis die Flüssigkeit cremig wird. Mit Salz und Pfeffer würzig abschmecken.

Für den zweiten Dip alle Zutaten in eine Schüssel geben und mit einem Schneebesen verrühren. Mit Salz und Pfeffer abschmecken.

Die Artischocken sind fertig gekocht, sobald sich die Blätter leicht herauszupfen lassen. Noch heiß mit den beiden Dips servieren.

Mein Tipp: *Die Artischocke isst man, indem man die Blätter abzupft, den weichen Blattansatz in den Dip tunkt und ihn zwischen den Zähnen abzieht. Der Boden der Artischocke ist ebenfalls genießbar, nachdem man das Stroh, welches sich in der Mitte des Bodens befindet, entfernt hat.*

auberginenröllchen mit rosmarinkartoffeln und minzsauce

4 Portionen

Für die Auberginenröllchen:
2 Auberginen
Salz
500 g Kartoffeln (festkochend)
½ Zwiebel
6 EL Olivenöl
½ Zweig frischer Rosmarin
Pfeffer

Für die Minzsauce:
200 g Sojajoghurt
¼ Bund frische Minze
1 EL Aceto balsamico bianco
Salz
Pfeffer

Die Auberginen längs in Scheiben schneiden und mit etwas Salz einreiben. Anschließend für ca. 30 Minuten auf einem Küchen- oder Geschirrtuch abtropfen lassen.

In der Zwischenzeit die Kartoffeln schälen, würfeln und anschließend für ca. 7 Minuten in Salzwasser kochen. Das Wasser abgießen und die Kartoffelwürfel ausdampfen lassen. Die Zwiebel schälen und in feine Würfel schneiden. Die Hälfte des Olivenöls in einer Pfanne erhitzen und die Kartoffelwürfel mit der Zwiebel und dem gehackten Rosmarin anbraten. Mit Salz und Pfeffer würzen. Die Kartoffeln vom Herd nehmen, sobald sie Farbe annehmen.

Den Backofen auf 200 °C Umluft vorheizen. Die abgetropften Auberginenscheiben mit der restlichen Hälfte des Olivenöls einreiben. Salzen, pfeffern und anschließend auf der obersten Schiene für 5–7 Minuten in den Ofen geben.

Den Sojajoghurt mit der fein gehackten Minze und dem Aceto balsamico mixen und mit Salz und Pfeffer abschmecken. Die Rosmarinkartoffeln in die gebackenen Auberginenscheiben einrollen und mit einem Zahnstocher fixieren. Warm oder kalt mit der Minzsauce servieren.

hausmanns-kost?

auch kein problem!

hauptgerichte

kürbisrisotto

4 Portionen

½ Hokkaido-Kürbis
2 EL Olivenöl
½ TL Currypulver
½ TL Thymian
Salz
Pfeffer
1 Zwiebel
1 Karotte
½ Knoblauchzehe
50 g Alsan (vegane Butter)
220 g Risottoreis
1 Stange Zitronengras
150 ml Weißwein
800 ml Gemüsebrühe
40 g Würzhefeflocken
75 ml Sojasahne
4 EL Kürbiskerne

Den Hokkaido entkernen und die Hälfte des Kürbisses in Würfel schneiden. Die andere Hälfte in Streifen schneiden und diese mit dem Olivenöl, Currypulver, Thymian, Salz und Pfeffer marinieren.

Die Zwiebel, die Karotte und den Knoblauch schälen und alles in feine Würfel schneiden. Die Alsan in einem Topf auslassen und den Reis, die Kürbis-, Zwiebel-, Knoblauch- und Karottenwürfel darin anschwitzen. Das Zitronengras mit dem Messerrücken andrücken und ebenfalls in den Topf geben. Mit etwas Salz und Pfeffer würzen. Darauf achten, dass der Reis keine Farbe bekommt. Alles mit Weißwein ablöschen und unter ständigem Rühren einkochen lassen.

Nun die Gemüsebrühe kellenweise dazugeben und immer wieder einkochen lassen. Je mehr der Risotto dabei gerührt wird, desto cremiger wird das Ergebnis. So lange Gemüsebrühe hinzugeben, bis der Reis den richtigen Biss hat (Packungsaufschrift beachten). Zum Schluss die Würzhefe und Sojasahne hinzufügen und alles mit Salz und Pfeffer abschmecken.

Zum Schluss die marinierten Kürbisstreifen in einer heißen Pfanne anbraten oder diese bei 180 °C für ca. 7 Minuten in den Ofen geben.

Den Risotto mit den gebratenen Kürbisstreifen und den Kürbiskernen anrichten und servieren.

Mein Tipp: *Um den Kürbiskernen etwas Pfiff zu geben, diese in einer Pfanne ohne Fett anrösten und ganz zum Schluss einen Spritzer Salzwasser hinzugeben.*

ravioli mit pilzfüllung

4 Portionen

Für den Pastateig:
75 g Mehl
150 g Hartweizengrieß
150 ml Wasser
1 TL Essig
1 EL Olivenöl

Für die Füllung:
300 g Kartoffeln (festkochend)
3 Schalotten
150 g Kräuterseitlinge
100 g Austernpilze
5 EL Öl zum Braten
Salz
Pfeffer
½ Bund Petersilie
1 Msp. Muskat

Für den Spinat:
75 g Pinienkerne
50 g Kräuterseitlinge
1 Schalotte
2 EL Olivenöl
Salz
Pfeffer
500 g Blattspinat
10 Kirschtomaten
Muskat

Für den Pastateig alle Zutaten in einer Küchenmaschine oder per Hand zu einem Teig verkneten, in Frischhaltefolie wickeln und für mindestens 1 Stunde in den Kühlschrank legen.

In der Zwischenzeit die Kartoffeln gar kochen, anschließend pellen und durch eine Kartoffelpresse drücken. Die Schalotten schälen und fein würfeln. Die Pilze putzen und in grobe Stücke schneiden.

Das Öl in einer großen Pfanne erhitzen und die Pilze darin kräftig anbraten. Sobald die Pilze Farbe annehmen, die Schalottenwürfel hinzufügen. Mit Salz und Pfeffer würzen. Die Petersilie waschen, hacken und mit den angebratenen Pilzen zur Kartoffelmasse geben. Mit Muskat, Salz und Pfeffer würzen.

Nun den Teig mit einer Pastamaschine oder einem Nudelholz zu zwei gleich großen Teigplatten verarbeiten. Auf die untere Teigplatte Häufchen von der Kartoffel-Pilz-Masse geben. Einen Backpinsel anfeuchten und damit über die freien Teigstellen streichen, um eine Bindung zur oberen Platte herzustellen. Jetzt die zweite Platte über die erste legen und die Teigplatten leicht andrücken. Mit einem passenden Förmchen die Ravioli ausstechen.

Einen großen Topf mit Salzwasser aufsetzen. Wenn das Wasser kocht, die Ravioli darin für ca. 2 Minuten garen.

In einer Pfanne die Pinienkerne anrösten und zur Seite stellen. Anschließend die Kräuterseitlinge und die geschälte Schalotte in dünne Streifen schneiden und mit Olivenöl goldgelb anbraten. Mit Salz und Pfeffer würzen. Den Blattspinat und die Kirschtomaten hinzufügen und alles gemeinsam dünsten. Mit Muskat, Salz und Pfeffer würzig abschmecken.

Den Spinat auf die Teller geben und die Ravioli darauf verteilen.

gemüsequiche mit salsa

4 Portionen

Für den Teig:
200 g Mehl
80 ml Wasser
100 g Alsan (vegane Butter)
1 Prise Salz
trockene Linsen oder Erbsen zum Blindbacken

Für die Füllung:
2 Karotten
1 Zucchini
½ Paprika
100 g Champignons
4 Frühlingszwiebeln
Olivenöl zum Braten
½ TL Thymian
Salz
Pfeffer
300 g Sojajoghurt
2 EL Speisestärke
50 g Alsan (vegane Butter)
1 TL Gemüsebrühpulver
100 g veganer Käse

Für die Salsa:
4 reife Tomaten
1 rote Zwiebel
1 große rote Chilischote (entkernt)
3 Stängel frischer Koriander
1 EL Limettensaft

Aus Mehl, Wasser, Butter und Salz einen Mürbeteig zubereiten. Den Teig zu einer Kugel formen, in Frischhaltefolie wickeln und 1 Stunde kalt stellen.

In der Zwischenzeit für die Füllung das Gemüse putzen, waschen und in kleine Stücke schneiden. Kurz mit etwas Olivenöl andünsten, kräftig mit Thymian, Salz und Pfeffer würzen und abkühlen lassen.

Den Teig ausrollen und eine gefettete Springform (ø 20 cm) damit auskleiden. Backpapier in gleicher Größe ausschneiden, auf den Teig legen, mit den Linsen belegen. Im vorgeheizten Backofen bei 200 °C 10 Minuten vorbacken. Danach Papier und Linsen entfernen.

Den Joghurt mit der Stärke, der geschmolzenen Alsan und Gemüsebrühpulver verrühren und anschließend mit Salz und Pfeffer abschmecken. Die Masse mit dem Gemüse vermengen und auf dem vorgebackenen Teigboden verteilen. Zum Schluss den veganen Käse über die Quiche geben und bei 200 °C etwa 45 Minuten goldbraun backen.

In der Zwischenzeit für die Salsa die Tomaten, geschälte Zwiebel, Chilischote und Koriander sehr fein hacken und mit dem Limettensaft vermengen. Zur fertigen Quiche reichen.

gefüllte paprika mit dunkler sauce und bulgur

2 Portionen

Für die dunkle Sauce:
½ Zwiebel
¼ Karotte
¼ Stange Lauch
20 g Sellerie
2 EL Öl
½ TL Tomatenmark
½ EL Mehl
50 ml Rotwein
250 ml Gemüsebrühe
1 Lorbeerblatt
2 Pimentkörner
Salz, Pfeffer

Für die gefüllte Paprika:
75 g Sojagranulat (trocken)
2 Zwiebeln
40 ml Öl
Salz, Pfeffer
Knoblauch
50 g Reis
1 Scheibe Toastbrot
50 ml Sojasahne
4 TL Tomatenmark
100 g veganer Käse
¼ Bund Petersilie
2 Paprika
Gemüsebrühe

Für den Bulgur:
100 g Bulgur
200 ml Gemüsebrühe
½ Zwiebel
1 Zweig Thymian
3 Blätter Salbei
Salz, Pfeffer

Für die Sauce die Zwiebelhälfte vierteln und die Schnittflächen in einem heißen Topf ohne Öl braun rösten. Das restliche Gemüse in grobe Stücke schneiden und mit dem Öl in den Topf geben. Das Gemüse rösten, bis es Farbe annimmt. Nun das Tomatenmark und das Mehl dazugeben und für ca. 3 Minuten anrösten. Mit dem Rotwein ablöschen und die Flüssigkeit einkochen lassen. Die Gemüsebrühe, Lorbeer und Piment dazugeben und für 15 Minuten köcheln lassen. Die Sauce mit Salz und Pfeffer abschmecken und durch ein Sieb passieren. Sollte die Sauce zu dick sein, etwas Gemüsebrühe dazugeben. Bei zu flüssiger Sauce einige Minuten einkochen lassen.

Für die Paprika das Sojagranulat nach Packungsaufschrift einweichen und quellen lassen. Die Zwiebeln schälen, fein würfeln und mit Öl und dem ausgequollenen Sojagranulat anbraten. Mit etwas Salz, Pfeffer und Knoblauch würzen und anschließend abkühlen lassen.

Den Reis weich kochen und mit dem Toastbrot, der Sojasahne, dem Tomatenmark, dem veganen Käse und der grob gehackten Petersilie unter das Soja mischen. Die Paprika waschen, einen Deckel abschneiden und die Kerne entfernen. Die Füllung mit den Gewürzen abschmecken und anschließend in die Paprika füllen, Deckel auflegen. Nun die Paprika von allen Seiten braun anbraten und anschließend in einem Schmortopf mit etwas Gemüsebrühe für 35 Minuten bei 200 °C Ober-/Unterhitze im Ofen schmoren.

Den Bulgur waschen und anschließend in der Gemüsebrühe ca. 15 Minuten bissfest kochen. Die Zwiebel schälen, in feine Würfel schneiden und in einer Pfanne glasig dünsten. Zum Schluss den gehackten Thymian und Salbei in die Pfanne geben. Den Bulgur unter die gedünstete Zwiebel und Kräuter mischen und mit Salz und Pfeffer abschmecken.

spargel mit sauce hollandaise und petersilienkartoffeln

6 Portionen

- 1 kg Kartoffeln
- Salz
- 1 EL Zucker
- 100 g Alsan (vegane Butter)
- 2 kg weißer Spargel
- 30 g Mehl
- 300 ml kalte Gemüsebrühe
- 300 ml Sojasahne
- 20 ml Weißwein
- 1 TL Senf
- 1 EL Zitronensaft
- 1 Msp. Kurkuma
- 1 Msp. Cayennepfeffer
- Pfeffer

Die Kartoffeln schälen und in kochendem Salzwasser ca. 25 Minuten bissfest garen.

In einem Topf Salzwasser mit dem Zucker und einer Messerspitze Alsan aufkochen. Den Spargel schälen, holzige Enden abschneiden, die Stangen mit Zwirn zu Bündeln schnüren und in das kochende Wasser geben. Nach 12–15 Minuten ist der Spargel bissfest und kann aus dem Wasser genommen werden.

In der Zwischenzeit Alsan in einem Topf erhitzen, das Mehl dazugeben und kurz anschwitzen. Die Gemüsebrühe mit der Sahne mischen und langsam unter ständigem Rühren dazugeben. Weißwein, Senf, Zitronensaft, Kurkuma und Cayennepfeffer in die Sauce geben und vorsichtig aufkochen. Mit Salz und Pfeffer abschmecken.

Den Spargel mit den Kartoffeln zusammen anrichten und mit der Sauce hollandaise übergießen.

Mein Tipp: *Eine besonders leckere Variation der Kartoffel ist die Petersilienkartoffel. Für die Petersilienkartoffeln etwas Alsan (vegane Butter) in einer Pfanne erhitzen und die Kartoffeln dazugeben. Sobald die Kartoffeln leicht Farbe annehmen, grob gehackte Petersilie dazugeben und kurz mitbraten.*

ratatouille mit gebratener polenta

4 Portionen

Für die Polenta: x2
100g Alsan (vegane Butter)
½ Zwiebel
1 EL frischer Salbei
100 ml Sojamilch
200 ml Gemüsebrühe
Salz
Pfeffer
200g Polenta (Maisgrieß)
4 EL Olivenöl

Für die Ratatouille:
3 Paprika (bunter Mix)
1 Aubergine
2 Zucchini
1 Zwiebel
6 Tomaten
Salz
100 ml Olivenöl
40g Tomatenmark
1 Knoblauchzehe
Pfeffer
1 TL frischer Rosmarin
1 EL frischer Thymian
1 EL frischer Salbei

Für die Polenta Alsan in einem Topf zerlassen und anschließend die halbe gewürfelte Zwiebel und die Salbeiblätter hinzufügen. Die Zwiebelwürfel glasig dünsten, dann die Sojamilch und die Gemüsebrühe dazugeben. Alles aufkochen und mit Salz und Pfeffer würzen.

Ein Blech mit Frischhaltefolie auslegen und in die Nähe stellen. Nun mit einem Schneebesen den Maisgrieß in den Topf rühren und die Masse 1 Minute unter ständigem Rühren aufkochen (Achtung: Spritzgefahr!). Anschließend die Masse auf dem Blech 2 Zentimeter hoch ausstreichen und abkühlen lassen (ggf. kalt stellen).

Für die Ratatouille das Gemüse bis auf die Tomaten schälen, putzen, die Paprika entkernen und alles in mundgerechte Stücke schneiden. Die Auberginenstücke salzen und für etwa 10 Minuten auf Küchenpapier abtropfen lassen. Zum Häuten der Tomaten Wasser in einem Topf zum Kochen bringen. Die Tomaten an der Unterseite kreuzförmig einritzen, den Stielansatz entfernen und für 10–15 Sekunden in das kochende Wasser geben, bis sich die Haut an der Schnittkante löst. Die Tomaten aus dem Wasser nehmen und in kaltem Wasser abschrecken. Die Haut lässt sich jetzt problemlos abziehen.

In einer großen Pfanne das Olivenöl erhitzen und die Zwiebel sowie die Zucchini darin anbraten. Nun die Paprika und zum Schluss die Aubergine in die Pfanne geben. Das Gemüse für ca. 5 Minuten kräftig anbraten, dann das Tomatenmark und die in Würfel geschnittenen Tomaten hinzugeben. Das Ganze mit Knoblauch, Salz, Pfeffer und den frischen gehackten Kräutern würzen und für etwa 15 Minuten leicht köcheln lassen. Das Gemüse sollte auf jeden Fall noch leichten Biss haben.

In der Zwischenzeit die erkaltete Polenta in Rauten, Quadrate oder Sticks schneiden und mit dem Olivenöl in einer Pfanne von beiden Seiten goldbraun anbraten. Auf Tellern mit der Ratatouille anrichten und nach Wunsch mit frischen Kräutern dekorieren.

linsenpfanne mit tomate und zucchini

4 Portionen

- 2 Zucchini
- 2 gelbe Paprikaschoten
- ½ Knoblauchzehe
- 2 Frühlingszwiebeln
- 2 Stängel Liebstöckel
- 2 Zweige Thymian
- 1 Bund Basilikum
- Öl zum Braten
- 4 Blätter Salbei
- 500 g rote Linsen
- Salz
- Pfeffer
- 4 Tomaten
- 400 ml Gemüsebrühe
- 1 TL Speisestärke
- 125 g scharfer veganer Käse (z.B. Vegourmet Volcano)

Zucchini und Paprika waschen, putzen und in kleine Würfel schneiden. Den frischen Knoblauch schälen und fein hacken. Die Frühlingszwiebeln in dünne Ringe schneiden. Liebstöckel und Thymian hacken, das Basilikum mit den Händen grob zerpflücken.

In einem Topf das Öl erhitzen und die Gemüsewürfel sowie die Salbeiblätter darin anschwitzen. Nach ca. 3 Minuten die Linsen, den Knoblauch, Liebstöckel, Thymian sowie die Frühlingszwiebeln in den Topf geben. Mit etwas Salz und Pfeffer würzen und weitere 3 Minuten andünsten.

Nun die Tomaten klein würfeln. Die Tomatenwürfel in den Topf geben, anschließend mit der Gemüsebrühe ablöschen und dem Basilikum würzen. Alles für ca. 10 Minuten auf kleiner Flamme köcheln lassen. Die Stärke in kaltes Wasser einrühren und unter ständigem Rühren in den Topf geben. Den Käse in feine Würfel schneiden, dazugeben und alles mit Salz und Pfeffer abschmecken.

Mein Tipp: *Basilikum niemals hacken, sondern nur mit den Händen zerreißen oder mit der Schere schneiden. Das Kraut verliert ansonsten seine ätherischen Öle zu schnell.*

sojaschnitzel wiener art
mit champignonrahmsauce und ofenkartoffeln

2 Portionen

Für die Sojaschnitzel:
2 Sojaschnitzel (trocken, z.B. Big Steaks von Vantastic Foods)
Salz
Pfeffer
10 g Mehl
1 TL Ei-Ersatzpulver
20 ml Sojamilch
10 ml Sojasahne
Paprikapulver
30 g Paniermehl
50 ml Öl

Für die Ofenkartoffeln:
600 g Kartoffeln (festkochend)
Salz
20 ml Olivenöl
1 Zweig Thymian
½ Zweig Rosmarin
½ Knoblauchzehe
Paprikapulver
Pfeffer

Für die Champignonrahmsauce:
150 g Champignons
½ Zwiebel
1 EL Öl
Salz
Pfeffer
3 EL Weißwein
250 ml Sojasahne
etwas Petersilie zur Dekoration

Die Sojaschnitzel nach Packungsaufschrift einweichen und quellen lassen. Das überschüssige Wasser auspressen und anschließend die Sojaschnitzel mit Salz und Pfeffer würzen. Die gewürzten Sojaschnitzel in Mehl wenden und danach ordentlich abklopfen. Das Ei-Ersatzpulver in eine Schüssel geben und mit der Sojamilch und der Sojasahne verrühren, bis eine dünnflüssige Marinade entsteht, die in ihrer Konsistenz einem gequirlten Ei gleicht. Die Marinade mit etwas Salz und Paprika würzen. Nun die mehlierten Sojaschnitzel in die Marinade tunken, abtropfen lassen und anschließend in Paniermehl wälzen.

Die Kartoffeln mit Schale für ca. 15 Minuten in Salzwasser kochen, abschrecken und in gleichmäßige Viertel schneiden. Aus dem Öl, den gehackten Kräutern und den Gewürzen eine Marinade herstellen und die Kartoffelspalten damit einpinseln. Den Ofen auf 180 °C vorheizen und die Kartoffeln auf einem mit Backpapier ausgelegten Backblech für ca. 13 Minuten goldbraun backen.

Die Champignons putzen und in feine Scheiben schneiden. Die Zwiebel schälen und in feine Würfel schneiden. Das Öl in einer Pfanne heiß werden lassen und die Pilze darin anbraten, bis sie leicht Farbe annehmen. Nun die Zwiebelwürfel dazugeben, mit Salz und Pfeffer würzen. Nach ca. 5 Minuten mit dem Weißwein ablöschen und anschließend die Sahne hinzufügen. Die Sauce einkochen lassen, bis die gewünschte Konsistenz erreicht ist. Mit Salz und Pfeffer abschmecken.

Die Schnitzel nun in einer hohen Pfanne bei hoher Temperatur in Öl schwimmend goldbraun ausbacken. Die Schnitzel mit den Ofenkartoffeln und der Sauce auf Tellern anrichten und mit der gehackten Petersilie verfeinern.

sojamedaillons mit kartoffelsalat und gebratenen zucchini

4 Portionen

Für den Kartoffelsalat:
1 kg Kartoffeln (festkochend)
Salz
¼ Bund Schnittlauch
100 g Zwiebeln
10 ml Öl
150 g Gewürzgurken
200 g Mayonnaise (siehe S. 141)
30 ml Gemüsebrühe
1 EL Senf
Pfeffer

Für die Zucchini:
4 EL Öl
1 Knoblauchzehe
2 Zucchini
Salz
1 TL Thymian
Zitronenpfeffer

Für die Medaillons:
100 g Sojamedaillons (trocken)
50 ml Öl
1 Knoblauchzehe
1 EL Paprikapulver
1 TL Thymian
½ TL Rosmarin
Salz
Pfeffer

Am Vortag den Kartoffelsalat vorbereiten: Die Kartoffeln in Salzwasser gar kochen, anschließend pellen und in mittelgroße Würfel schneiden. Den Schnittlauch in Röllchen schneiden. Die Zwiebeln schälen, fein würfeln, mit dem Öl in einer Pfanne glasig dünsten und dann zu den Kartoffelwürfeln geben. Die Gurken ebenfalls in feine Würfel schneiden und zu den Kartoffeln geben. Die Mayonnaise mit der Gemüsebrühe, dem Senf und den Schnittlauchröllchen vermischen und anschließend unter die Kartoffelmasse heben. Mit Salz und Pfeffer abschmecken. Am besten über Nacht in den Kühlschrank stellen und vor dem Servieren erneut abschmecken. Gegebenenfalls mit etwas Gemüsebrühe geschmeidiger machen.

Für die Zucchini das Öl in einer Pfanne erhitzen. Die Knoblauchzehe schälen, mit der Rückseite eines Messers anquetschen und in dem Öl braten, bis sie bräunt und das Öl den Geschmack angenommen hat. Danach den Knoblauch wieder entfernen.

Die Zucchini waschen und längs in dünne Scheiben schneiden. Das Knoblauchöl mit etwas Salz, dem gehackten Thymian und etwas Zitronenpfeffer mischen. Die Zucchinischeiben mit der Marinade einpinseln und im vorgeheizten Backofen bei 180 °C für ca. 7 Minuten backen.

Die Sojamedaillons nach Packungsaufschrift einweichen und quellen lassen. Überschüssiges Wasser danach abgießen und die Medaillons vorsichtig ausdrücken. Das Öl mit den restlichen Zutaten in einem Mixer zu einer Marinade pürieren und die Medaillons darin marinieren. Anschließend in einer heißen Pfanne braun braten und auf Küchenpapier abtropfen lassen.

Die Medaillons auf einem Teller mit dem Kartoffelsalat und den gebackenen Zucchinischeiben arrangieren und servieren.

vegan backen macht sinn!

desserts und kuchen

schokoladenbrownies

1 Blech

500 g Mehl
350 g Rohrohrzucker
170 g Kakaopulver
1 Pck. Bourbon-Vanillezucker
1½ Pck. Backpulver
1 Msp. Natron
650 ml Sojamilch
150 ml mildes Rapsöl
nach Wunsch Schokoladenkuvertüre, Cranberrys, gehackte Mandeln

Alle trockenen Zutaten in eine Rührschüssel geben und vermischen. Anschließend die flüssigen Zutaten hinzugeben und alles zu einer homogenen Masse verrühren.

Den Ofen auf 210 °C Umluft vorheizen. Die Browniemasse auf ein gefettetes Blech geben und auf mittlerer Schiene 15–18 Minuten backen.

Nach Wunsch etwas Kuvertüre im Wasserbad schmelzen und den Brownieteig überziehen (schützt auch vor schnellem Austrocknen). Cranberrys und Mandeln ergänzen den Kuvertüreüberzug geschmacklich sehr gut. Vor dem Servieren in Stücke schneiden.

Mein Tipp: *Raps macht nicht nur im Tank Furore. Raffiniertes Rapsöl ist hoch erhitzbar und eignet sich somit ideal zum Backen. Zudem ist Rapsöl reich an ungesättigten Fettsäuren. Das Verhältnis von Omega-3- und Omega-6-Fettsäuren ist nahezu ideal. Allerdings sollte man darauf achten, eine milde und geschmacksneutrale Sorte zu wählen, da manche unraffinierten Rapsöle einen säuerlichen oder bitteren Beigeschmack haben können.*

GREENALITY
19 EASIER 84
THAN OTHER COLLEGES

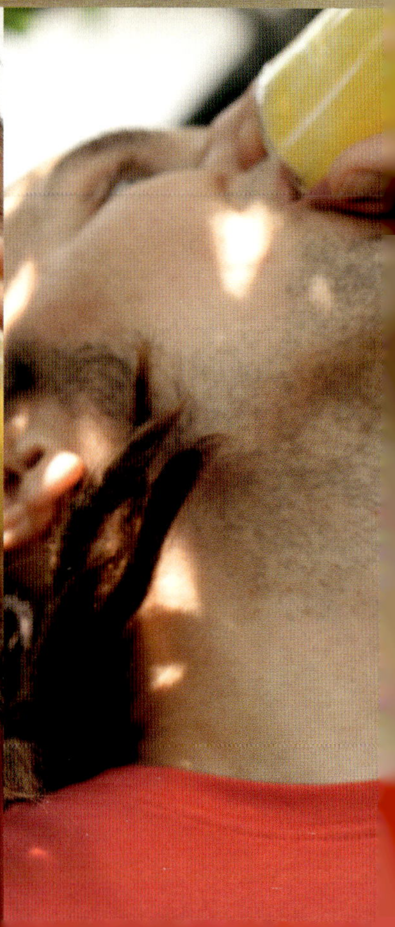

mango-lassi

8 Portionen

500 g Sojajoghurt
1 große Dose Mangopüree (850 g)
500 ml Wasser
frisches Obst zum Garnieren

Den Sojajoghurt, das Mangopüree und das kalte Wasser in einen Standmixer geben und bei höchster Stufe pürieren. Anschließend für 1–2 Stunden kühl stellen.

In der Zwischenzeit das Obst waschen, gegebenenfalls in mundgerechte Stücke schneiden und auf kleine Spieße fädeln. Das Lassi in Gläser füllen und zusammen mit den Obstspießen servieren.

Mein Tipp: *Lassi wird gern zu scharfen Speisen getrunken, da es – im Gegensatz zu anderen Getränken – durch den Fettgehalt die Schärfe des Essens mildert und somit seine Verdaulichkeit erhöht. Lassi kann sowohl süß als auch salzig-würzig zubereitet werden. Kalt serviert ist es ein erfrischendes Getränk für heiße Sommertage.*

Mangopüree von sehr reif geernteten Mangos ist erhältlich in Bioläden sowie in Asialäden und gut sortierten Supermärkten.

panna cotta mit erdbeerragout

4 Portionen

400 ml Sojasahne
50 ml Agavendicksaft
½ TL Agar-Agar
1 Vanilleschote
200 g Erdbeeren
2 EL Rohrohrzucker

Die Sojasahne in einen Topf geben und den Agavendicksaft und das Agar-Agar unterrühren. Die Vanilleschote längs halbieren und das Mark vorsichtig mit dem Messer herauskratzen. Die Schote und das Mark zur Sahne geben und langsam aufkochen. Die Sahne muss mindestens 1 Minute köcheln, damit das Agar-Agar richtig bindet.

Kleine Förmchen zurechtstellen und mit kaltem Wasser ausspülen. Vanilleschote aus der Panna-Cotta-Masse entfernen und die Masse in die Förmchen füllen und für mindestens 4 Stunden zugedeckt in den Kühlschrank stellen.

In der Zwischenzeit die Erdbeeren waschen, den Stiel entfernen und die Früchte halbieren oder vierteln. Die Erdbeeren zuckern und Saft ziehen lassen.

Die Panna Cotta aus den Förmchen stürzen und mit dem Erdbeerragout anrichten.

waffeln

8 Portionen

225 g Weizenmehl
300 ml Sojamilch
100 g Alsan (vegane Butter)
75 g Zucker
1 Pck. Bourbon-Vanillezucker
½ EL Backpulver
1 Prise Salz
frisches Obst, Eis oder Vanillesauce zum Servieren

Mehl, Sojamilch, vegane Butter, Zucker, Vanillezucker, Backpulver und Salz in einer Küchenmaschine zu einem Teig verarbeiten und über Nacht im Kühlschrank ruhen lassen.

Den Teig in einem Waffeleisen portionsweise 3–4 Minuten ausbacken und mit frischem Obst, Eis oder Vanillesauce servieren.

Mein Tipp: *Gerade in der Weihnachtszeit sind Waffeln besonders beliebt. Bringen Sie ein wenig Pepp in die Waffeln, indem Sie sie mit etwas Zimt oder dem Abrieb von Orangenschalen verfeinern. Oder Sie bereiten als Begleiter im Mixer ein schnelles Sorbet aus gefrorenen Früchten, Zucker und einem Schuss Sojasahne zu. Den Möglichkeiten sind keine Grenzen gesetzt.*

nougatmousse

4 Portionen

300 ml Sojaschlagsahne
200 g Nougat
30 g Kokosfett
20 ml Agavendicksaft
1 ½ Pck. Sahnesteif

Die Sahne vor der Verarbeitung für mindestens 4 Stunden kühl stellen. Das Nougat mit dem Kokosfett im Wasserbad schmelzen und anschließend den Agavendicksaft dazugeben. Nun die Sahne zusammen mit dem Sahnesteif aufschlagen.

Sobald die Nougatmasse abgekühlt ist, diese vorsichtig unter die Sahne heben und die Mousse in eine Form füllen. Für mindestens 6 Stunden kalt stellen.

Mein Tipp: *Durch unterschiedliche Qualitäten der Sahne und der Nougatmasse kann es passieren, dass die Mousse etwas zu weich wird. In diesem Fall beim nächsten Mal einfach etwas mehr Kokosfett zugeben. Besonders gut zur Nougatmousse passen gegrillte oder karamellisierte Birne, gehackte Pistazien, Mandelblättchen, aber auch frisches Obst der Saison.*

pofesen

8 Stück

8 Scheiben Weißbrot
75 g Powidl bzw. Pflaumenmus
200 ml Sojamilch
100 g Mehl
200 ml Öl zum Ausbacken
50 g Puderzucker

Die Weißbrotscheiben mit dem Pflaumenmus bestreichen und immer 2 Scheiben zu einem Sandwich zusammenklappen. Die Sandwiches anschließend entrinden und diagonal halbieren.

Milch und Mehl jeweils in einen tiefen Teller geben. Die Sandwichdreiecke in die Sojamilch tunken und anschließend im Mehl wenden. Das Öl in einer hohen Pfanne erhitzen und darin die Pofesen goldgelb ausbacken.

Warm oder kalt mit Puderzucker bestäubt servieren.

Mein Tipp: *Das erste Mal kam ich im veganen Gasthaus Schillinger in der Nähe von Wien in den Genuss dieser schnellen und besonders leckeren Nachtischvariante. Vielen Dank an Charlie und sein Team.*

russischer zupfkuchen

Springform
(∅ 18 cm)

Für den Boden:
180 g Mehl
½ Pck. Backpulver
20 g Kakaopulver
100 g Rohrohrzucker
1 TL löslicher Kaffee
1 Prise Salz
125 g kalte Alsan (vegane Butter)

Für die Füllung:
400 g Sojajoghurt
100 g Alsan (vegane Butter)
100 g Rohrohrzucker
¾ Pck. Vanillepuddingpulver

Mehl, Backpulver und Kakaopulver in eine Schüssel sieben. Zucker, den löslichen Kaffee und Salz hinzugeben. In die Mitte eine kleine Vertiefung drücken. Die kalte vegane Butter in kleine Stückchen schneiden, in die Vertiefung geben und alles zu einem glatten Teig verkneten.

Mit drei Viertel des Teiges den Boden und den Rand einer Kuchenform auskleiden und diese für mindestens eine halbe Stunde in den Kühlschrank stellen.

Den Sojajoghurt für 1 Stunde in einem feinen Sieb abtropfen lassen. Die vegane Butter schmelzen und lauwarm mit dem Zucker und dem Puddingpulver verrühren. Anschließend den Sojajoghurt unterheben und die Masse auf dem Kuchenboden verteilen.

Den restlichen Schokoteig in größere Streusel reißen und gleichmäßig auf der Füllung verteilen. Bei 160 °C Umluft auf mittlerer Schiene für 45–55 Minuten backen.

pancakes

8 Pancakes

400 g Mehl
1 Pck. Backpulver
2 Pck. Bourbon-Vanillezucker
2 EL Rohrohrzucker
1 Prise Salz
1 TL Vanillepuddingpulver
250 g Sojajoghurt
250 ml Sojamilch

Mehl und Backpulver in eine Schüssel sieben. Zucker, Salz und Vanillepulver hinzugeben und alles grob vermischen. Nun die flüssigen Zutaten hinzufügen und alles zu einem geschmeidigen und dickflüssigen Teig verrühren.

Eine antihaftbeschichtete Pfanne erhitzen. Den Teig portionsweise in die Pfanne geben und gegebenenfalls schnell zu einem Kreis ausstreichen. Die Pancakes wenden, sobald der Rand trocken ist und sich kaum noch Bläschen bilden.

Mein Tipp: *Pancakes schmecken besonders gut mit Ahornsirup, Eis, Agavendicksaft oder Marmelade.*

rote grütze mit vanillesauce

4 Portionen

Für die Rote Grütze:
- 400 g gemischte Beeren (Johannisbeeren, Erdbeeren, Himbeeren etc.)
- 200 ml Johannisbeersaft
- 3 EL Rohrohrzucker
- 2 EL Speisestärke

Für die Vanillesauce:
- ½ Vanilleschote
- 500 ml Sojamilch
- 2 EL Rohrohrzucker
- ½ Pck. Vanillepuddingpulver

Die Beeren unter fließendem Wasser waschen und die Früchte bei Bedarf putzen oder von den Stielen zupfen. 150 Milliliter Johannisbeersaft in einem Topf aufkochen und den Zucker hinzugeben. Die Stärke mit dem restlichen Johannisbeersaft verrühren und die Mischung mit einem Schneebesen in den kochenden Saft einrühren. Alles 1 Minute köcheln lassen, vom Herd ziehen, dann die Beeren dazugeben und abkühlen lassen.

Für die Vanillesauce die Vanilleschote in der Mitte teilen, das Mark herauskratzen und in die Sojamilch geben. Die Vanilleschotenhälften mit 375 Milliliter Sojamilch und dem Zucker aufkochen. In den Rest der Milch das Puddingpulver rühren. Wenn die Sojamilch kocht, die Vanilleschotenhälften entfernen und die Puddingpulvermischung unter ständigem Rühren in den Topf geben. Die Sauce für 1 Minute köcheln lassen und vom Herd nehmen.

Die Rote Grütze in Gläser verteilen und die Vanillesauce darübergießen. Gekühlt servieren.

***Mein Tipp:** Dazu passt Schlagsahne mit Zitronensaft und Zitronenzesten aromatisiert.*

apfelstrudel mit vanillesauce

4 Portionen

Für den Strudel:
½ Zitrone
500 g Äpfel (z.B. Boskop)
½ Vanilleschote
35 g Alsan (vegane Butter)
50 g Paniermehl
40 g Walnusskerne
60 g Rohrohrzucker
100 g Rosinen
½ TL Zimt
350 g Blätterteig
Alsan (vegane Butter) zum Bestreichen

Für die Vanillesauce:
½ Vanilleschote
400 ml Sojamilch
30 g Rohrohrzucker
½ Pck. Vanillepuddingpulver

Eine große Schüssel mit Wasser füllen und die in Scheiben geschnittene Zitronenhälfte hineingeben. Die Äpfel schälen, vierteln und vom Kerngehäuse befreien. Die Apfelstücke in Würfel schneiden und sofort in das Zitronenwasser geben.

Vanilleschote längs teilen und mit einem kleinen Messer das Mark aus der Schote kratzen.

Alsan in einen Topf geben, erhitzen und die Hälfte des Paniermehls darin anrösten. Sobald das Paniermehl Farbe annimmt, die Apfelwürfel dazugeben und mit anschwitzen. Die Walnüsse grob hacken und zusammen mit dem Zucker und den Rosinen in den Topf geben. Alles für ca. 2 Minuten leicht einkochen, vom Herd ziehen und anschließend das Mark der halben Vanilleschote sowie den Zimt dazugeben.

Den Blätterteig auf einem bemehlten Küchenhandtuch ausrollen und die Apfelmasse der Länge nach auf einem Viertel des Teiges verteilen. Vorsichtig unter Zuhilfenahme des Küchenhandtuchs den Strudel einrollen, mit etwas zerlassener veganer Butter bestreichen und mit dem restlichen Paniermehl bestreuen.

Den Ofen auf 180 °C Umluft vorheizen und den Strudel auf mittlerer Schiene ca. 45 Minuten goldbraun backen.

Für die Vanillesauce die ausgekratzte Schote samt Vanillemark mit 300 Milliliter Sojamilch und dem Zucker erhitzen. Das Puddingpulver mit den restlichen 100 Milliliter Milch glatt rühren. Wenn die Sojamilch kocht, die Vanilleschotenhälften entfernen und die vorbereitete Puddingpulvermischung mit einem Schneebesen einrühren. Die Sauce unter ständigem Rühren 1 Minute köcheln lassen und dann vom Herd nehmen. Sollte die Sauce nach dem Abkühlen zu dick sein, einfach etwas Sojasahne oder Sojamilch unterrühren.

Mein Tipp: *Essen Sie den Strudel warm, so ist der Blätterteig knusprig und der Geschmack der Äpfel am intensivsten. Sehr gut passen dazu Vanilleeis und frische Früchte.*

muffins

12 Muffins

120 g Blaubeeren
300 g Dinkelmehl
1 Vanilleschote
20 g Speisestärke
1 Pck. Weinsteinbackpulver
90 g Rohrohrzucker
125 g Alsan (vegane Butter)
300 ml Sojamilch
100 ml kohlensäurehaltiges Mineralwasser
2 EL Kakaopulver

Die Blaubeeren unter fließendem Wasser abwaschen und mit etwas Mehl bestreuen. (Dies verhindert, dass die Beeren später im Teig auf den Boden sinken.) Die Vanilleschote längs halbieren und mit einem Messer das Mark herauskratzen.

Mehl, Stärke und Backpulver in eine Schüssel sieben. Zucker, vegane Butter, Sojamilch und das Sprudelwasser hinzufügen und alles zu einem zähen Teig verrühren.

Den Backofen auf 180 °C vorheizen und das Muffinblech mit Papierförmchen auskleiden. Die Förmchen zur Hälfte mit dem Teig befüllen. Nun das Kakaopulver und anschließend die Beeren unter den restlichen Teig mischen und die Förmchen damit auffüllen. Die Muffins im heißen Ofen ca. 20 Minuten backen und vor dem Verzehr abkühlen lassen.

Mein Tipp: *Sie können die Muffins mit Früchten Ihrer Wahl oder aber auch mit Schokolade etc. füllen.*

Vanilleschoten, deren Mark ausgekratzt ist, gebe ich in ein großes Glas mit Rohrohrzucker. Somit erhalte ich nach ca. 2 Monaten auf natürliche Weise feinsten Vanillezucker.

kaffeecreme mit marinierter mango

4 Portionen

200 ml starker Kaffee oder Espresso
175 ml Sojamilch
60 g Rohrohrzucker
1 Pck. Vanillepuddingpulver
1 reife Mango
1 Orange
etwas Minze
2 cl Crodino (alkoholfreier Aperitif)
200 ml Sojaschlagsahne
1 Pck. Sahnesteif

Kaffee und drei Viertel der Sojamilch gemeinsam mit dem Zucker in einem Topf zum Kochen bringen. Den Rest der Sojamilch mit dem Puddingpulver verrühren und mit einem Schneebesen in die kochende Kaffee-Sojamilch rühren. Etwa 1 Minute aufkochen lassen, anschließend vom Herd ziehen und abkühlen lassen.

In der Zwischenzeit die Mango schälen, das Fruchtfleisch vom Stein und in dünne Scheiben schneiden. Die Orange mit einem Messer schälen und anschließend filetieren. Die Minze waschen, in feine Streifen schneiden und mit den Orangenfilets, Mangoscheiben und dem Crodino mischen.

Sobald die Creme abgekühlt ist, die Sahne mit dem Sahnesteif aufschlagen. Die Creme vorsichtig unter die Hälfte der Sahne heben und in Gläser oder Förmchen abfüllen. Die restliche Sahne auf der Creme verteilen und das marinierte Obst vor dem Servieren dekorativ daraufgeben.

Mein Tipp: *Crodino ist ein bitterer Aperitif, der sehr gut mit der Süße der Früchte harmoniert.*

pfannkuchen

4 Portionen

- 250 g Mehl
- 1 Pck. Weinsteinbackpulver
- 300 ml Sojamilch
- 100 ml Sojasahne
- 2 EL Zucker
- 1 Msp. Zimt
- 1 Prise Salz
- 2 EL Öl

Das Mehl mit dem Backpulver in eine Schüssel sieben und mit der Sojamilch, der Sojasahne, dem Zucker, Zimt und Salz zu einem leicht zähflüssigen Teig verarbeiten. Das Öl in einer antihaftbeschichteten Pfanne erhitzen.

Immer so viel Teig in die Pfanne geben, dass der Boden bedeckt ist. Wenn der Rand beginnt, sich dunkler zu färben, und kleine »Löcher« im Teig auftauchen, vorsichtig wenden. Die fertigen Pfannkuchen auf einen Teller schichten und im Ofen bei niedrigster Stufe warm halten, bis der ganze Teig ausgebacken ist.

Zu den Pfannkuchen passen hervorragend Apfelmus, Zimt und Zucker, aber auch Schokoladenaufstrich oder Fruchtsorbet.

Mein Tipp: *Pfannkuchen werden je nach Region Plinse, Eierkuchen oder auch Palatschinken genannt. Unterschiede gibt es in der Füllung, aber auch bei den Zutaten, die geringfügig variieren. Bei uns zu Hause gab es immer frisch gebackene Plinsen mit Apfelmus und/oder Zimt und Zucker. In manchen Regionen isst man die Eierkuchen aber auch mit deftiger Füllung.*

küchenwissen

vegane küche

Die vegane Küche ist keine traditionelle Küche im direkten Sinne, wie zum Beispiel die deutsche, französische oder italienische Küche; dafür ist sie zu jung. Anfänglich orientierte sich die vegane Küche sehr an der indisch-asiatischen Küche, da diese einen großen Anteil an veganen Gerichten ausmacht. Dieser Einschlag ist immer noch deutlich zu spüren, obwohl die immer besser werdende Vielfalt und Qualität von Fleisch-, Wurst- und Käsealternativen den Schritt in die anderen traditionellen Küchen ermöglicht. Ich persönlich liebe die deftige deutsche Küche, mit der ich bis zu meinem 14. Lebensjahr aufgewachsen bin.

gewürze

Sind in der Küche elementar, aber ich erlebe sehr oft, dass die Gewürze bereits seit Jahren im Schrank stehen und somit enorm an Geschmack, aber auch Farbe verloren haben. Daher rate ich beim Kauf von Gewürzen zu Mengen, die Sie in den nächsten Wochen und Monaten auch verbrauchen werden. Kaufen Sie zum Beispiel lieber ganze Muskatnüsse und eine kleine Handreibe anstatt gemahlenes Muskatnusspulver, welches oft noch zusätzlich aromatisiert ist. Sie werden den Unterschied merken.

kräuter

Ich empfehle, frische Kräuter zu verwenden, allerdings ist das nicht immer möglich. Sie können bei meinen Rezepten auch mit getrockneten oder gefrorenen Kräutern arbeiten. Frische Kräuter bekommen Sie auf jedem Wochenmarkt, aber auch in gut sortierten Supermärkten.

mengenangaben

Bitte verstehen Sie meine Mengenangaben als Empfehlungen, aber nicht als Garant für ein perfektes Gericht. Die Qualität, die Größe und der Geschmack der Rohstoffe variieren je nach Saison, Herkunft und Art des

Anbaus, was eine genaue Bestimmung der Mengenangaben unmöglich macht. Dies gibt Ihnen aber die Möglichkeit, selbst zu experimentieren und durch Erfahrungen Ihre eigenen Vorlieben zu bestimmen.
Bei den Backrezepten und Desserts ist es allerdings essenziell, dass Sie sich an die Mengenangaben halten.

geräte

Das Schöne an der veganen Küche ist, dass keine besonderen und speziellen Geräte benötigt werden, um all die Vielfalt zu erfahren. Die wichtigsten Geräte bei meinen Rezepten sind ein Messer und ein Stabmixer, die öfters zum Einsatz kommen.
Was ich jedem empfehle, ist die Anschaffung eines – ja, nur eines – guten Kochmessers. Ich persönlich nutze ein Messer aus Damaststahl (Ran Gou 101 Santoku), welches sowohl den Ansprüchen eines ambitionierten Hobbykochs als auch denen eines Profikochs genügt. Die Investition lohnt sich: Ein gutes Kochmesser hält ein Leben lang.

vegane rohstoffe

Es kommt immer wieder vor, dass mir Personen von ihren negativen Erlebnissen mit veganen Produkten erzählen. Meistens stellt sich aber heraus, dass diese Personen entweder billige und qualitativ minderwertige Produkte gekauft haben oder einfach nicht wussten, wie diese Produkte richtig zubereitet werden. Natürlich trifft nicht jedes vegane Produkt den eigenen Geschmack. Schließlich werden Ihnen auch nicht beim Metzger oder Käser alle Produkte in der Auslage hervorragend schmecken. Aber die immer größer werdende Auswahl an veganen Rohstoffen bietet für jeden Geschmack passende und leckere Alternativen.

rohkost

Die Rohkostküche lernte ich vor vier Jahren kennen und fand für mich faszinierende Rezepte und Möglichkeiten einer schonenden und vor allem erstaunlich leckeren Zubereitung. Bei der Rohkost werden die Lebensmittel nicht über 42 °C erhitzt, sodass alle essenziellen Aminosäuren und Vitamine erhalten bleiben. Spezielle Geräte wie der »Vitamix« oder das Sedona Dörrgerät ermöglichen ungeahnte Arten der Zubereitung. Diese Geräte – wie auch Rezepte von mir in dem Kochbuch »Roh-mantische Genüsse« – finden Sie auf den Seiten von Keimling Naturkost (www.keimling.de).

bezugsquellen

Glücklich können sich die Menschen schätzen, die in Berlin wohnen. Der Supermarkt »Veganz« bietet auf 250 qm eine riesige Auswahl an veganen Produkten. Auch in Dortmund können Sie im »Vegilicious«-Shop im größeren Maßstab vegan einkaufen gehen. Allen anderen empfehle ich den Online-Shop www.alles-vegetarisch.de, der die größte vegane Produktpalette im deutschsprachigen Internet bietet. So können Sie bequem von zu Hause aus bestellen und erhalten in der Regel 2 bis 3 Tage später Ihre leckeren veganen Produkte per Post. Allerdings bieten auch die lokalen Bio- und Naturkostläden ein wachsendes Angebot veganer Lebensmittel, und Produkte wie Tofu, Sojamilch, -joghurt und -sahne sind mittlerweile in fast jedem Supermarkt erhältlich. 90 % meiner alltäglichen Lebensmittel beziehe ich zum Beispiel aus normalen Supermärkten.

In meinen Rezepten verwende ich ab und zu spezielle Zutaten, die dem einen oder anderen nicht geläufig sein werden bzw. in der veganen Küche neu interpretiert wurden. Daher nutze ich hier die Möglichkeit, diese zu erläutern.

soja

Ein weit verbreiteter Irrglaube ist, dass Soja zwingend mit Gentechnik einhergeht. Es ist richtig, dass der Großteil des angebauten Sojas genetisch verändert ist. Allerdings

fließt dieses Soja fast zu 100 % als Futter in die Massentierhaltung oder in die industrielle Weiterverarbeitung konventioneller Produkte. Wissenswert ist außerdem, dass der Großteil der Herstellerfirmen von veganen Produkten Bio-zertifiziert ist und somit strengen Kontrollen unterliegt.
Ich arbeite zum Beispiel mit dem texturierten Sojaeiweiß der Marke »Vantastic Foods«, welches gentechnikfrei ist und eine hervorragende Qualität aufweist.

texturiertes sojaeiweiß

Wird aus dem Sojaeiweiß unter hohem Druck und hoher Temperatur hergestellt. Durch diese Verarbeitung erhält es eine faserige Textur, die Fleisch sehr ähnlich ist. Erhältlich ist das Soja in fünf verschiedenen Grundformen: Granulat, Schnetzel, Würfel, Medaillons und schnitzelartige »Big Steaks«. Das ursprünglich trockene Soja muss mit kochendem Salzwasser überbrüht werden. Nach 15–30 Minuten Quellzeit wird das Soja vorsichtig ausgedrückt; danach ist es bereit zum Würzen, Marinieren und Braten.

alternativen zu den alternativen

Wie bei allen Lebensmitteln kann es vorkommen, dass manche Menschen Sojaprodukte nicht gut vertragen. Zum Glück gibt es aber schmackhafte Alternativen zu Soja, die z.B. aus Lupine, Hafer, Weizen, Reis oder Mandeln hergestellt werden.

seitan

Ist neben Soja eine weitere Alternative zu Fleisch und Wurst. Aus dem Weizenkleber (Gluten) wird eine Brätmasse hergestellt, wie dies bei Wurstwaren üblich ist, und diese wird anschließend gebrüht, geräuchert, gebraten oder anderweitig veredelt.

veganer käse

Ist nicht mit dem viel geschmähten Analogkäse zu verwechseln, der trotz allem noch Milcheiweiß enthält. Es liegt außerdem nicht in der Natur des Veganers, andere Verbraucher täuschen zu wollen, daher benennen wir unseren Käse auch klar als Sojakäse, Veggie-Käse o.Ä. Die Qualität und die Beschaffenheit der »Käse«sorten werden immer besser, preislich gehört veganer Käse allerdings vorerst noch zu den Genuss- statt den Grundnahrungsmitteln.

alsan

Ist eine vegane Margarine, die die Eigenschaften von Butter aufweist. Man kann Alsan überall dort einsetzen, wo Butter erforderlich ist. Der Vorteil dabei ist, dass Sie durch deren Einsatz gänzlich auf tierische Fette und Cholesterin verzichten können.

tamari

Ist eine der hochwertigsten Sojasaucen. Sie reift mehrere Jahre in Holzfässern, und bei der Herstellung wird auf den Einsatz von Weizenmehl verzichtet. Diese Sojasauce können demnach auch Glutenallergiker zu sich nehmen. Ein kleiner Schuss Tamari zu gebratenem Räuchertofu gibt einen speckähnlichen Geschmack. Besonders empfehlenswert ist hier das Tamari von LIMA, das in jedem Bioladen erhältlich ist.

mayonnaise (grundrezept)

100 ml Sojamilch
1 EL Aceto balsamico bianco
150–300 ml neutrales Pflanzenöl
½ TL Senf
Salz
Pfeffer

Die Sojamilch mit dem Aceto balsamico in einen hohen und schmalen Behälter geben. Mit einem Stabmixer auf maximaler Leistung vermixen.

Unter Rühren in einem dünnen Strahl das Öl hinzugeben, bis die Masse die Konsistenz von Mayonnaise hat. Je höher die Leistung des Gerätes, desto weniger Öl wird benötigt. Mit den restlichen Zutaten abschmecken.

Mayonnaise ist eines der einfachsten, aber auch überzeugendsten Produkte in der veganen Küche.
Die Grundzutaten sind Sojamilch und neutrales Pflanzenöl. Der Emulgator, welcher bei der ursprünglichen Mayonnaise im Ei enthalten ist, wird durch das Lecithin ersetzt, das in jeder Sojamilch mit normalem Fettgehalt vorkommt. Eine genaue Mengenangabe ist bei diesem Rezept nicht möglich, da die Mengen von den Küchengeräten und deren Leistung abhängen. Die Mayonnaise ist im Kühlschrank mindestens eine Woche haltbar.

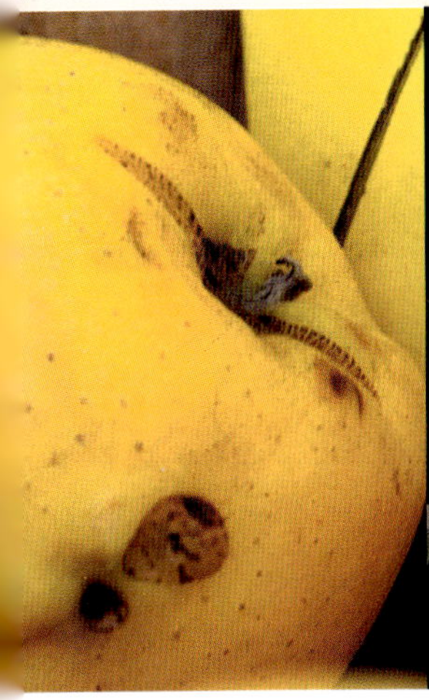

register

impressum

5. Auflage 2013

Hinweis
Die Ratschläge/Informationen in diesem Buch sind von Autor und Verlag sorgfältig erwogen und geprüft. Dennoch kann eine Garantie nicht übernommen werden. Eine Haftung des Autors bzw. des Verlags und seiner Beauftragten für Personen-, Sach- und Vermögensschäden ist ausgeschlossen.

Björn Moschinski
Restaurant/Kochschule/Catering/Coaching

www.veganheadchef.com
www.kopps-berlin.de
facebook.com/veganheadchef
bjoern@veganheadchef.com

Fotografie:
Florian Bolk/André Wagenzik (LE SCHICKEN)
Besuchen Sie uns auf facebook.com/leschicken

Redaktionsleitung: Susanne Kirstein
Projektleitung: Eva Wagner
Layout, DTP, Gesamtproducing:
Jason Kassab-Bachi (LE SCHICKEN)
Textliche Mitarbeit: Sandra Gärtner, Antje Jerichow
Redaktion: LE SCHICKEN, Björn Moschinski
Korrektorat: Antje Jerichow (helingua – Übersetzung und Lektorat)
Umschlaggestaltung: Jason Kassab-Bachi
Litho: Regg Media GmbH, München
Druck und Verarbeitung: Neografia, Martin

Printed in Slovakia

MIX
Papier aus verantwortungsvollen Quellen
FSC® C020353

Verlagsgruppe Random House FSC® N001967
Das für dieses Buch verwendete FSC®-zertifizierte Papier *Profisilk* wurde produziert von Sappi Alfeld
ISBN 978-3-517-08777-1

SCOTT